Chichewa 101

Learn Chichewa in
101 Bite-sized Lessons

Free
dictionary
included

Heather Katsonga-Woodward

BY THE SAME AUTHOR

To Become an Investment Banker:

Girl Banker®'s Bullet Point Guide to Highflying Success

www.girlbanker.com

Foreword

Heather Katsonga-Woodward (or Heather Phiri, as she was then) was an outstanding pupil at Kamuzu Academy. She was not one of those shy girls who don't speak unless spoken to, on the contrary! She was always keen both to ask and to give answers to questions, and if any other pupil dared to laugh at her she would turn right round and give him a piece of her mind! Consequently teaching Catullus and Virgil to her set was a memorable experience, which brought the literature alive for me as well as for everyone else.

Now Heather, having written a marvellous book advising young people on how to become an investment banker, has become a teacher of her own language, writing this book, part grammar and part phrase-book. It is unusual in that it is written by a native speaker and is full of colloquial expressions and idioms; so as well as covering the basics for beginners it is also very helpful for people who have studied the language a little already and want to become more fluent. I highly recommend it.

Andrew Goodson
Kamuzu Academy

Publisher's Note

Every possible effort has been made to ensure that the information contained in this book is accurate at the time of going to press, and the publishers and author cannot accept responsibility for any errors or omissions, however caused. No responsibility for loss or damage occasioned to any person acting, or refraining from action, as a result of the material in this publication can be accepted by the editor, the publisher or the author. No part of this publication may be reproduced in any manner without prior written consent of the author.

First published in Great Britain & the United States in 2012 by Zumex Press.

www.Chichewa101.com
youtube.com/hkatsonga

ISBN 978-1480112056

Cover art: The Kuseka Crew, kuseka.com

For my Harry, for Cecillia,

"If you talk to a man in a language he understands, that goes to his head. If you talk to him in his own language, that goes to his heart." – Nelson Mandela

Zumex Press

Table of Contents

Introduction to Chichewa 101

My husband wanted to learn Chichewa (my language, spoken in Malawi as well as parts of Zambia, Mozambique and Tanzania). It was his New Year's resolution for 2011. As we sat discussing this over the dinner table with my aunt Grace, we decided that filming our lessons and uploading them onto YouTube would incentivize us to keep working at it.

The Chichewa 101 series was my first experience with uploading videos onto YouTube. We didn't expect anyone else to be interested in these videos (except our friends, for laughs) but to our surprise we get Chichewa inquiries almost weekly. People even subscribe to The Channel!

I was most touched when a doctor from the USA was working in some clinics in my father's native village, Neno, and they emailed asking me to translate some body parts. They needed these words to communicate more effectively with patients.

The overwhelming response to **YouTube.com/hktasonga** led to this book. It's suitable for *anyone* wanting to get to grips with the basics of Chichewa.

My mother edited the first draft of this book. She is very interested in language and I discovered she's also extremely diligent (must be where I get it from!); I thoroughly enoyed the opportunity to work with her.

I then sent a copy to my former Greek and Latin teacher, Andrew Goodson, and asked him to have a look. It was more as an 'FYI' but I was amazed at his depth of feedback and his strong command of Chichewa. It was totally unexpected. He is a great linguist and has an outstanding command of many languages. His knowledge of Chichewa's structure and function is such that I would insist he be awarded honorary Malawian citizenship. He understands the language far better than 95% of Malawians.

In some ways, Chichewa is simpler than English. For instance, we do not differentiate between 'he' and 'she'.

In other ways, it is far more complex. For example, speech has to be modified depending on whether one is speaking to a subordinate or superior (in age or status).

Either way, it is a fun language with a somewhat romantic tone compared to other African languages. Enjoy.

Heather

A little about Malawi

- The "Republic of Malawi" is a beautiful, lush country in the South East of Africa. It's landlocked between Zambia, Mozambique and Tanzania.[1]

- Malawi was known as Nyasaland prior to independence from British rule in 1964.

- It is sometimes referred to as "The Warm Heart of Africa" because the people are so warm, welcoming, and friendly.

- Lilongwe is the capital city of Malawi. Blantyre is the second biggest city and was the indisputable commercial capital until 2004. In 2004, many Government offices were moved to Lilongwe and a lot of commercial activity moved with them.

- The population is 15.4 million (UN, 2011).[2]

- Malawi is 118,484 square kilometers in size; about 20% of this is water.

- There is a huge lake called "Lake Malawi"; the lake covers 20% of the country.[3]

- Malawi's currency is the kwacha. 100 tambala make 1 kwacha.

- English and Chichewa are the official languages of Malawi.

- Religion is important in Malawi. Estimates vary widely; however, according to the CIA World Fact Book 82.7% of Malawians are Christian, 13% Muslim, 1.9% other (primarily Hindu), 2.5% have no religion (2008 census).[4]

- Roughly 12% of the population is estimated to be living with HIV/AIDS. This has fallen from 14-15% a few years ago.[5]

- From 1964 to 1994 Malawi had one-party rule. The president was Kamuzu Banda, sometimes referred to as Ngwazi. Some consider him a despot, others a hero, the Lion of Malawi.

- Malawi's first democratically elected president, Bakili Muluzi, ruled from 1994 to 2004.

- Bingu wa Mutharika the third president was in power from 2004 to April 2012 when he died in office during his second five-year term.

- The current president is Mrs Joyce Mtila Banda. She was Bingu's Vice President and came to power upon his death as the Constitution dictates.

- Tobacco is Malawi's main export; more than 50% of export revenue comes from tobacco. In some years it accounts for as much as 70% of export revenue.

- Other exports include tea, sugar, cotton, peanuts, wood products and a small amount of clothing.
- Annual GDP per capita is $350-400 depending on the source. In PPP terms that is apparently $800-900. We are one of the ten poorest countries in the world and have been for a long time.

www.chichewa101.com

Lesson 1: How to use the programme

- Although Chichewa and English are both official languages in Malawi, Chichewa is spoken much more in the home and out and about, while English is spoken more in offices.

- The Chichewa 101 programme is ideal for anyone coming to Malawi, whether it is for business or a holiday.

- Two lessons a week will have you done in a year; a lesson a day and you'll finish in about three months.

- It's advisable to use the textbook alongside the audio book so that you get the way things are actually pronounced.

- To reinforce the knowledge, write out each lesson as you complete it.

- Test yourself at the end of each lesson.

- To understand the construction of phrases and sentences better, look up the underlying words.

- Lessons composed of word lists are rounded off with 4-6 lines showing you how to use the words.

- With Chichewa, there is no good substitute for practice: find a Malawian friend and get talking!

Lesson 2: Basic rules on how to say stuff including vowels (a,e,i,o,u)

a as in "cat"

e as in "get"

i as in "feet"

o as in "got"

u as in "fruit"

- o Most words are said the way they are spelt. I can only think of a couple of exceptions:
  - o **'thy' and 'th':** Thyolo is pronounced cholo. Whenever you see 'thy' think 'ch'. But 'th' when not followed by 'y' is pronounced as a strong 't', i.e. thoko is pronounced 'toko', but with lots of emphasis on the t. It is not pronounced like the English 'th' in 'thumb'.
  - o **'ps':** 'ps' is pronounced like an emphatic 'py', like the 'p' in 'computer'.
- o The letter 'h' is placed after some consonants to signal emphasis e.g. khonde (veranda), phiri (hill or mountain), thengo (bush).
- o **How 'k', 'p', and 't' are pronounced where there is no h after them:** these letters are

pronounced without any 'puff of air', the way we pronounce the p in the word 'spin' or t as in 'stick', as opposed to 'pin' and 'tick', where they have a 'puff of air'.

- **What do I mean by a 'puff of air'?** Have you ever tried to pronounce 'spin', 'stick', 'pin' and 'tick' while holding a lighted match in front of your lips? When you says 'spin' or 'stick' nothing will happen, but when you say 'pin' or 'tick' the flame will go out because you emit a puff of air with the heavy emphasis on 'p' and 't'.

- In summary:
  - **'kh' and 'k':** 'kh' is an emphatic 'k', like the 'c' of the English word 'cough'; 'k' is very soft, almost like a 'g'.
  - **'ph' and 'p':** Similarly 'ph' is emphatic like the 'p' of 'pin'; 'p' is very soft like the 'p' of 'spin'.

- **'L' or 'R':** In most words, the letters 'l' and 'r' are used interchangeably. It really doesn't matter. For example, 'today' is 'lelo' or 'lero'.

- As a tonal language, where you place emphasis when pronouncing a word is important in Chichewa. It is frequently different to what an English speaker might expect.e.g. you say ndiku**THAN**diza not ndikuthan**DIZ**a, you say ku**THAN**diza not kuthan**DI**za, you say ku**FUL**umira not kufulu**MIR**a.

o **'Chichewanizing':** we often vernacularise foreign word (usually English, French or Latin) i.e. make foreign words sound like Chichewa. Chichewanizing is a word I have invented.

o 'Chichewanizing' English words is very common.

> o It is common for numbers but you will see it in many other words.
>
> o For instance, guess what **kabichi, thalauza, supuni, bulangeti, tebulo, foloko, bedi, basiketi, thilansipoti, peyala, kasitomala, hayala** and **apozi** are? The answers are in the endnotes.[6]

o Non-native Chichewa speakers often mispronounce words like Nkhotakota by saying 'Nakotakota' or 'Inkotakota'. It's pronounced more like the 'nc-' in 'including'. This is especially a problem for monolingual English speakers.

o Another difficulty for non-native Chichewa speakers is that -i at the end of a word, especially after 't' and 's', is often semi-silent, e.g. sikisi, eyiti, ofesi.

Beyond pronunciation

- ○ There is no word for 'the' in Chichewa.
- ○ We don't differentiate between 'he' and 'she'; it's said exactly the same in Chichewa.
- ○ You may find this strange but we do not use the word 'please' often. In our language, making a request in the plural format (the more respectful way) implicitly assumes please. The word for 'please' is **'chonde'**; it is only used if you are begging.

Singular, plural and respectful

- ○ Chichewa is very honorific. When you are speaking to someone, age and status determine how something is said.
  - ○ The plural version of a word or phrase is normally used when you are talking to or referring to older people or to superiors.
  - ○ The singular is used when talking to or referring to young children and subordinates.
  - ○ You can make your learning easier by just using the most courteous version. In all our lessons we will differentiate the singular from the plural.

Lesson 3: Saying hi and bye

Hello: Odi

> Said when you are knocking on someone's door and want to go in.

Excuse me: Odi

> Said when you need space to pass someone on the street or on a bus and so on.

Greetings/Hi: Moni

How are you? Muli bwanji?

I am fine, what about you? Ndili bwino, kaya inu?

I am fine: Ndili bwino

I am not well: Sindili bwino

Thanks: Zikomo

Goodbye: Zikomo, ndapita (literally, thanks, I am off)

Go well: Pitani bwino

Travel well: Yendani bwino

See you later: Tionana

Good morning: Mwadzuka bwanji?

> Literally, "have you woken up well?" but "did you sleep well?" is a better translation.

Lesson 4: Saying what you think or how you feel

Yes: Eya *or* e

No: Ayi

Me / I: Ine; Ineyo (ineyo is more emphatic)

I travelled well: Ndinayenda bwino

I feel hot: Ndikumva kutentha

I feel cold: Ndikumva kuzizira

I am hungry: Ndili ndi njala

I only want water: Ndikufuna madzi okha

Sorry: Pepa / pepani (sing./pl.)

I don't like: Sindikonda

I don't want anything: Sindikufuna chilichonse

I don't eat meat: Sindimadya nyama

I like to dance: Ndimakonda kuvina

You have hurt me:

      Wandipweteka / mwandipweteka (sing./pl.)

Leave me alone: Tandisiye / tandisiyeni (sing./pl.)

That's it / that's enough / that's fine: Basi

Ouch! Mayine *or* mayo

It doesn't matter: Palibe kanthu

Lesson 5: Days and months

Monday: Lolemba (literally, the hiring day)

Tuesday: Lachiwiri (literally, the second day)

Wednesday: Lachitatu (literally, the third day)

Thursday: Lachinayi

Friday: Lachisanu

Saturday: Loweruka (literally, the knocking-off day)

Sunday: Lamulungu (literally, the God day) *or* Lasabata

(i.e. the Sabbath). You will frequently hear:

Mande for Monday

Flaide for Friday

Satade for Saturday

Sande for Sunday

I'll see you on Saturday: Tionana Satade

I will come on Thursday: Ndibwera Lachinayi

Come for a chat on Monday:

Mubwere kudzacheza Lolemba. When you want to
meet up with someone, it's more standard to extend
an invitation for a chat (in local culture) rather than
for 'a tea' or 'a coffee'.

The choir meets on Wednesdays:

Akwaya amakumana Lachitatu

The doctor only visits on Tuesdays:

Adotolo amabwera Lachiwiri lokha

Months

January: Janyuwale

February: Febuwale

March: Malichi

April: Epulo

May: Meyi

June: Juni

July: Julaye

August: Ogasti

September: Seputembala

October: Okutobala

November: Novembala

December: Disembala

I was born in November:

Ndinabadwa mu Novembala

The wedding is in January:

Chikwati chili mu Januwale

The child will be born in October

Mwana abadwa mu Okutobala

This June is very cold:

Juni uno yazizira kwambiri

Lesson 6: Days and other periods of time

Day(s): Tsiku (masiku)

Every day: Masiku onse

Today: Lero

Tomorrow: Mawa

Yesterday: Dzulo

The day before yesterday: Dzana

The day after tomorrow: Mkucha

Which day? Tsiku liti? / liti?

Morning: M'mawa

Afternoon: Masana

Evening: Madzulo

Night: Usiku

All day: Tsiku lonse

All night: Usiku wonse

We danced all night: Tinavina usiku wonse

I will come the day after tomorrow: Ndibwera mkucha

I work in the afternoon: Ndimagwira ntchito masana

I arrived the day before yesterday: Ndinafika dzana

When should I come? Ndibwere liti?

Come in the morning: Mubwere m'mawa

Lesson 7: Weeks, months, years

Week: Sabata / Mulungu (also means God)

This week: Mulungu uno

Last week: Mulungu watha

Next week: Mulungu wamawa

The week after next: Mulungu wamkucha

Month(s): Mwezi (Miyezi)

Year(s): Chaka (zaka)

Last year: Chaka chatha

This year: Chaka chino

These days: Masiku ano

In the past: Kale

Long ago: Kalekale

Forever: Mpaka muyaya

She's three years old: Ali ndi zaka zitatu

Back in those days we used to eat...: Kalekale tinkadya...

These days we eat...: Masiku ano timadya...

This month I'm short (of cash): Mwezi uno ndashota

I was sick last week: Ndimadwala mulungu watha

Lesson 8: Numbers (1)

Strange but true: because numbers are a lot more complicated in Chichewa than in English, once you go past the number three people start using the Chichewanized version of the English word. This is even true in the villages!

Each number below is meant to have a prefix which varies according to the context. There is no easy standard rule that you can apply to determine what the appropriate prefix is: it's just something you grow up knowing!

For the numbers one, two and three the proper Chichewa version is almost universally used.

For the numbers four and five half the people you meet will use the proper Chichewa version and half the Chichewanized English.

Seriously, if you try to use the Chichewa version of 100, 1000 and 1 million, most people won't have a clue what you are talking about, I had to look them up myself!

1: -modzi
e.g. **one person:** munthu m'modzi; **one thing:** chinthu chimodzi

2: -wiri

e.g. **two people:** anthu awiri; **two things:** zinthu ziwiri

3: -tatu

e.g. **three people:** anthu atatu; **three things:** zinthu zitatu

4: folo; -nayi

e.g. **four people:** anthu anayi; **four things:** zinthu zinayi

5: faifi; -sanu

e.g. **five people:** anthu asanu; **five things:** zinthu zisanu

6: sikisi; -sanu ndi -modzi

e.g. **six people:** anthu sikisi; **six things:** zinthu sikisi

7: seveni; -sanu ndi -wiri

e.g. **seven people:** anthu seveni; **seven things:** zinthu
seveni

8: eyiti; -sanu ndi -tatu

e.g. **eight people:** anthu eyiti; **eight things:** zinthu eyiti

9: naini; -sanu ndi -nayi

e.g. **nine people:** anthu naini; **nine things:** zinthu naini

10: teni; khumi

e.g. **ten people:** anthu teni; **ten things:** zinthu teni

11: ileveni; -khumi ndi -modzi

e.g. **eleven people:** anthu ileveni; **eleven things:** zinthu
ileveni

12: twelofu; -khumi ndi -wiri

e.g. **twelve people:** anthu twelofu; **twelve things:** zinthu
twelofu

Lesson 9: Numbers (2)

Given the last lesson was quite intense, you have a much easier one this time around!

20: Twente; makumi awiri

30: Sate; makumi atatu

40: Fote; makumi anayi

50: Fifite; makumi asanu

60: Sikisite; makumi asanu ndi limodzi

70: Sevente; makumi asanu ndi awiri

80: Eyite; makumi asanu ndi atatu

      Note: eyiti is 8; eyite is 80

90: Nayinte; makumi asanu ndi anayi

100: Wani handedi; zana

      Note: the -i in wani is silent

One thousand: Wani sauzande; chikwi

One Million: Wani milioni

You should buy 20: Mugule twente

I have counted 80: Ndawerenga eyite

When you reach the age of 50:

      Mukakwana (pl.) zaka fifite

It amounts to 7,000 kwacha:

      Zakwana seveni sauzande kwacha

Lesson 10: Who, what, where, when, how?

Who? Ndani?

Who has arrived/come? Kwabwera ndani?

What? Chiyani? *or* chani?

What is it? Ndi chiyani?

Where? Kuti?

Where is he/she? Ali kuti?

When? Liti?

> This can only be used in the context of a question. In the context of a statement such as, "When I eat," a prefix is added to the verb for eating. In this case the prefix "ndika" is added to the verb "-dya" to form "ndikadya" (more on this later).

When is it? Ndi liti?

How? Bwanji?

How did you do it? Munapanga bwanji? (pl.)

How are you? Muli bwanji? (pl.)

Note that "bwanji?" can also mean, "What is it?", "What's the problem?" or "How come?" depending on the context so experience will teach you when it is appropriate to use and when it is not.

How much is it? (1) Ndi ndalama zingati?

> Literally, "how much money is it"

How much is it? (2) Mukuchita bwanji?

> Literally, "how much are you doing it for?" in the context of someone pointing at some produce in the market, for instance. In addition, it can also mean "How are you doing?" You would normally use this to ask how someone is feeling when they are ill; "Muli bwanji" is better under normal circumstances.

How much is it? (3) Mundichaja zingati?

> Literally, "how much will you charge me for it?"

Lesson 11: Possessive pronouns and relationships

Of me / my / mine:

>anga, wanga, langa, changa, yanga, zanga

>e.g. **My child:** Mwana wanga

Of yours / your (sing.):

>ako, wako, lako, chako, yako, zako

>e.g. **Your child:** Mwana wako

Of his, of her, of it (his, hers, its):

>ake, wake, lake, chake, yake, zake

>e.g. **His/her child:** Mwana wake

Of us / our:

>athu, wathu, lathu, chathu, yathu, zathu

>e.g. **Our child:** Mwana wathu

Of yours / your (pl.):

>anu, wanu, lanu, chanu, yanu, zanu

>e.g. **Your child:** Mwana wanu

Of theirs / their:

>awo, wawo, lawo, chawo, yawo, zawo

>e.g. **Their child:** Mwana wawo

The big question: when should you use one possessive pronoun and not another? Examples will crop up throughout the lesson but here are a few pointers:

A- is used for:

(a) Nouns beginning ma-: malaya anga (my shirt), malaya ake (his shirt), madzi anga (my water);

(b) People when they are plural or you are being respectful: mayi anga (my mother), mayi awo (their mother), abale anga (my relatives), abale anu (your relatives).

Wa- is mostly used for:

(a) Singular people: mbale wanga (my relative);

(b) Most nouns beginning m-: mtengo wanga (my tree);

(c) Some animals such as cats and dogs: galu wanga (my dog) but the plural is agalu anga (my dogs);

(d) Some words like tea (tiyi), petrol (petulo), sugar (shuga), tomatoes (tomato), onions (anyezi): tiyi wanga, petulo wanga, tomato wanga. Note that 'anyezi' does not change whether you're referring to one item or several, it's always 'anyezi wanga'.

La- is used for: most other nouns: thumba langa (my bag), buku langa (my book).

Cha- is used for: words beginning with ch-: chakudya changa (my food).

Ya- is used for:

(a) Singular nouns beginning with n: nyumba yanga (my house);

(b) Plural nouns beginning with mi-: milomo yanga (my lips).

Za- is used for: plural nouns mostly beginning with z- or n-: zinthu zanga (my things), nyama zanga (my animal).

For simplicity, we have given the more common possessive pronouns above. There are more! For instance:

Ka- is used for words beginning ka- referring to small things: kamwana kanga (my small child).

Ti- is used for plural small things: tiana tanga (my small children).

As a Chichewa beginner, focus on the initial list provided. All this will come to you very naturally as you get more comfortable with the language. On the plus side, even if you do mix them up, people should still understand what you are trying to say.

My grandma: Agogo <u>anga</u>

My teeth: Mano <u>anga</u>

My tooth: Dzino <u>langa</u>

My leg: Mwendo <u>wanga</u>

Your shoe: Nsapato <u>yako</u>

My bag: Thumba <u>langa</u>

Your (sing.) bag: Thumba <u>lako</u>

His/her bag: Thumba <u>lake</u>

Our bag: Thumba <u>lathu</u>

Your (pl.) bag: Thumba <u>lanu</u>

Their bag: Thumba <u>lawo</u>

> Also means, his/her bag, if you are being respectful.

Of: a, wa, la, cha, ya, za

Jane's children: Ana <u>a</u> Jeni

Jane's garden: Munda <u>wa</u> Jeni

Jane's bag: Thumba <u>la</u> Jeni

Jane's bedroom: Chipinda <u>cha</u> Jeni

Jane's car: Galimoto <u>ya</u> Jeni

Jane's things: Zinthu <u>za</u> Jeni

Lesson 12: Relationships

Wife: Mkazi/akazi + possessive pronoun

Mkazi/akazi on its own just means woman/women.

Husband: Mwamuna/amuna + possessive pronoun

Mwamuna/amuna on its own just means man/men.

My wife: Akazi anga; **my husband:** amuna anga

My mum: Mayi anga

My dad: Bambo anga

My grandma/grandpa: Agogo anga

My uncle: Malume anga (*or* ankolo)

My Aunt: Azakhali anga (*or* anti)

The words for aunt and uncle vary according to whether you are referring to your mother's or father's sister/brother but this complexity has led to large disuse in favour of the Chichewanized version of the English: **ankolo** and **anti**.

My mother/father in-law: Apongozi anga

My brother/sister in-law: Mlamu wanga

My sister: Mchemwali wanga; achemwali anga (respectful)

My brother: Mchimwene wanga; achimwene anga (pl.)

My cousin: Msuwani wanga (*or* khazeni)

My child: Mwana wanga (i.e. can be a son or daughter)

My children: Ana anga

Lesson 13: Friends

Mnz + possessive pronoun

My friend(s): Mnzanga (Anzanga)

Your (sing.) friend(s): Mnzako (Anzako)

His / her friend(s): Mnzake (Anzake)

Our friend(s): Mnzathu (Anzathu)

Your (pl. / respectful) friend(s): Mnzanu (Anzanu)

Their friend(s): Mnzawo (Anzawo)

My dear friend: Mnzanga wa pa mtima

> This is the closest expression to "best friend" but whereas a best friend is usually unique and can only apply to one person, you can have several people that you refer to as "mnzanga wa pa mtima"; it literally translates to "a friend of on the heart" but obviously that doesn't make sense in English. Note: you can write 'mnzanga' or 'mzanga'

My friend has arrived: Mnzanga wabwera

Is your friend coming? Mnzako abwera?

He/she's gone to see his/her friends: Wakaona anzake (sing.) / Akaona anzawo (pl./respectful)

We met our friends: tinakumana ndi anzathu

Lesson 14: Ladies and gentlemen, men and women

Lady: Mayi; mzimayi

Ladies: Amayi; azimayi

Gentleman: Bambo; mzibambo

Gentlemen: Abambo; azibambo

Ladies and gentlemen: Amayi ndi abambo

Woman: Mkazi

Women: Akazi

> e.g. **women are difficult:** akazi ndi ovuta

Men: Amuna

> e.g. **men are dishonest:** amuna alibe chilungamo
>
> (Literally, "men are without honesty")

Girl: Mtsikana

Boy: Mnyamata

> e.g. **A girl with manners:** Mtsikana wa khalidwe;
>
> **A boy with discipline:** Mnyamata wa disiprini

My wife: Mkazi wanga; akazi anga

My husband: Mwamuna wanga; amuna anga

Lesson 15: Joining words: with, to, from, on

With: Wa, ndi

>Literally, wa means 'of' but translating it as 'with' might be more appropriate at times.

>e.g. **Tea with milk:** Tiyi wa mkaka;

>**I am with my friend:** Ndili ndi mnzanga.

To: Ku

>e.g. **Let's go to town:** Tiye ku tawuni.

From: Waku, ku

>e.g. **I am from Malawi:** Ndine waku Malawi;

>**I come from Malawi:** Ndimachokera ku Malawi.

And: Ndi

>e.g. **Tea and biscuits:** Tiyi ndi mabisiketi;

>**Tea and coffee:** Tiyi ndi khofi.

On: Pa

>e.g. **The key is on the table:** Kiyi ali pa tebulo

Under: Pansi pa

>e.g. **The key is under the table:** Kiyi ali pansi pa tebulo

In: Mu

>e.g. **They are in the kitchen:** Ali mu khitchini

Lesson 16: Personal and subject pronouns

Personal

I: Ine

You (sing.): Iwe

He/she: Iye, iwo (respectful)

It: Icho

We: Ife

You (pl.): Inu

They: Izo (for things), iwo (for people)

Subject

Subject pronouns are prefixed to verbs i.e. they are put in front of verbs. You will learn how to use these prefixes in later lessons; for now, absorb the following:

I: Ndi-

You (sing.): U-

He/she/it: A-

> 'he/she' is 'wa-' if it means 'he has', e.g. wapita 'he has gone'; 'it' can also be u-, chi-, i-, ka-

We: Ti-

You (pl.): Mu-

They: A-

Lesson 17: Verbs: present tense, I am eating: ndikudya

To eat: Kudya

I am eating: Ndikudya

You (sing.) are eating: Ukudya

He/she/it is eating: Akudya

We are eating: Tikudya

You (pl.) are eating: Mukudya

They are eating: Akudya

He/she is eating outside: Akudya panja

We are eating meat: Tikudya nyama

They are eating on the veranda: Akudya pa khonde

Lesson 18: Verbs: past tense, I ate: ndinadya

To eat: Kudya

I ate: Ndinadya

You (sing.) ate: Unadya

He/she/it ate: Anadya

We ate: Tinadya

You (pl.) ate: Munadya

They ate: Anadya

He/she ate outside: Anadya panja

We ate meat: Tinadya nyama

They ate on the veranda: Anadya pa khonde

Note: There are two past tenses with -na-: e.g.
aNAbwera = he came some time ago (and is still here) and
anaBWEra = he came just now (but has gone away again).
You *emphasise the NA* if you are talking about something
that happened a while ago, but *emphasise the syllable after
na* if you are talking about something that happened today
or just now.

Lesson 19: Verbs: perfect tense, I have eaten: ndadya

To eat: Kudya

I have eaten: Ndadya

You (sing.) have eaten: Wadya

He/she/it has eaten: Wadya

We have eaten: Tadya

You (pl.) have eaten: Mwadya

They have eaten: Adya

You can use the above format to ask a question.

> e.g. **Have you eaten?** Mwadya?

To go: Kupita

They went to church: Apita ku chalichi

He has gone to town: Wapita ku tauni / Apita ku tauni (sing. / pl.)

To come: Kubwera

Who did you come with? Mwabwera ndi ndani?

We have come on our own: Tabwera tokha

> See lesson 26 for a tutorial on the usage of the word 'tokha'.

Lesson 20: Verbs: imperfect (or past continuous) tense, I was eating: ndimadya AND present habitual, I live in...: ndimakhala...

The way you say the words below determines whether it is a statement or a question. Please listen to the audio version for audio examples (see chichewa101.com for more).

The past continuous and the present habitual have been combined into one lesson because they have the same structure.

Past continuous (or imperfect) tense

To eat: Kudya

Capital letters show where the emphasis goes for this tense:

I was eating: NdiMAdya

You (sing.) were eating: UMAdya

He/she/it was eating: AMAdya

We were eating: TiMAdya

You (pl.) were eating: MuMAdya

They were eating: AMAdya

Present habitual tense (same spelling, different tone)

I eat: NDImaDYA

> e.g. I eat meat is ndimadya nyama, this would be said to convey that one is not a vegetarian. To say you *are* vegetarian, say 'sindimadya nyama' (I don't eat meat)

You (sing.) eat: UmaDYA

He/she/it eats: AmaDYA

We eat: TImaDYA

You (pl.) eat: MUmaDYA

They eat: AmaDYA

With a change in intonation you can use the above words to ask a question e.g. **Do you eat meat?** Mumadya nyama?

To live (somewhere): Kukhala

I live: NDImaKHAla

> e.g. **I live in England:** ndimakhala ku Mangalande

You (sing.) live: UmaKHAla

He/she/it lives: AmaKHAla

We live: TImaKHAla

You (pl.) live: MUmaKHAla

They live: AmaKHAla

Lesson 21: Verbs: future tense, I will eat: ndidya

The way you say the words below determines whether it is a statement or a question.

To eat: Kudya

For this tense, place emphasis at the beginning of the word, on the first syllable:

I will eat: NDIdya

You (sing.) will eat: Udya

He/she/it will eat: Adya

We will eat: TIdya

You (pl.) will eat: MUdya

They will eat: Adya

Where will he/she eat? Adya kuti?

He/she will eat outside: Adya panja

What will you eat? Mudya chani?

We will eat meat and rice: Tidya nyama ndi mpunga

Will they eat here? Adya kuno?

Yes, they will eat on the veranda: Eya, adya pa khonde

Lesson 22: Verbs: future tenses, I will come / go to eat: ndi<u>dza</u>dya/ ndi<u>ka</u>dya

This lesson is designed to show that verbs can take many forms in Chichewa. As a beginner you can skip this lesson without harm and use the future tense in lesson 21.

To eat: Kudya

I will come to eat: Ndi<u>dza</u>dya
You (sing.) will come to eat: U<u>dza</u>dya
He/she/it will come to eat: A<u>dza</u>dya
We will come to eat: Ti<u>dza</u>dya
You (pl.) will come to eat: Mu<u>dza</u>dya
They will come to eat: A<u>dza</u>dya

I will go to eat: ndi<u>ka</u>dya
You (sing.) will go to eat: u<u>ka</u>dya
He/she/it will go to eat: a<u>ka</u>dya
We will go to eat: ti<u>ka</u>dya
You (pl.) will go to eat: mu<u>ka</u>dya
They will go to eat: a<u>ka</u>dya

Note the subtle difference: <u>ka</u> generally means 'go and do something', <u>dza</u> generally means 'come and do something'.

You can use any of the above formats to ask a question.

e.g. **Will you come home to eat today?**

Mudzadya kunyumba lero?

Or **Will you go home to eat today?**

Mukadya kunyumba lero?

The future tense from lesson 21 works just as well here i.e.

Will you eat at home today? Mudya kunyumba lero?

The translation of 'coming' for 'dza' and 'going' for 'ka' is only general. The meaning can at times be different but going into this will only cause confusion. I mention the fact so that if someone tells you something different you don't immediately think they are wrong, or even worse, that I am!

In all honesty, rather than getting bogged down in the detail of when to use which, learn one format (people will understand what you are trying to say) and spend more time expanding your vocabulary. You can always come back to this lesson later.

Lesson 23: 'When' tense with 'ka' (near future): when I eat: ndikadya

To eat: kudya

When I eat…: Ndikadya…

When you (sing.) eat…: Ukadya…

When he/she/it eats…: Akadya…

When we eat…: Tikadya…

When you (pl.) eat…: Mukadya…

When they eat…: Akadya…

I'll phone you when I arrive: Ndiyimba foni ndikafika

> Kuyimba = to sing or ring; kufika = to arrive; here you have the future (ndiyimba) and the 'when' tense (ndikafika).

Note pronunciation differences:

- NdiKAdya 'I am going to eat' has an accent on 'ka'
- Ndikadya 'when I eat' does not have an accent on the 'ka'

Lesson 24: Potential tense with -nga

To eat: Kudya

I can eat: Ndi<u>nga</u>dye (note the ending is 'e' not 'a'!)

You (sing.) can eat: U<u>nga</u>dye

He/she/it can eat: A<u>nga</u>dye

We can eat: Ti<u>nga</u>dye

You (pl.) can eat: Mu<u>nga</u>dye

They can eat: A<u>nga</u>dye

I can't go on my own:

> <u>Si</u>ndingapite ndekha (kupita = to go; 'si' makes it a negative statement)

Can you go to town?

> Ungathe kupita ku tauni? (kutha = to be able)

I am scared that he might hit me:

> Ndikuopa kuti anga<u>ndi</u>menye ('ndi' = me)

We can take the bus:

> Tingatenge basi (kutenga = to take)

You can't eat in here:

> <u>Si</u>mungadye muno ('si' makes it a negative statement)

Lesson 25: Subjunctive mood/tense

Note it's like the potential tense but without the 'nga'.

To eat: Kudya

I should eat: Ndidye

You (sing.) should eat: Udye

He/she/it should eat: Adye

We should eat: Tidye

You (pl.) should eat: Mudye

They should eat: Adye

Should I go on my own?

   Ndipite ndekha?

You should go to town:

   Upite ku tauni?

Don't be scared that he might hit you:

   Usaope kuti angakumenye ('sa' makes it a negative statement; 'ku' = you)

We should take the bus:

   Titenge basi

You shouldn't eat in here:

   Musadye muno ('sa' makes it a negative statement)

Lesson 26: 'When' tense with 'kadza' (far in the future): when I get rich: ndikadzalemera

To get rich: Kulemera

When I get rich…: Ndikadzalemera…

When you (sing.) get rich…: Ukadzalemera…

When he/she/it gets rich: Akadzalemera…

When we get rich…: Tikadzalemera…

When you (pl.) get rich…: Mukadzalemera…

When they get rich…: Akadzalemera…

When we get rich we will not show off about it:

>   Tikadzalemera sitidzapanga matama

When you get rich don't forget us:

>   Ukadzalemera usadzatiyiwale

When I get rich I will buy a big house:

>   Ndikadzalemera ndidzagula nyumba yayikulu

Lesson 27: Irregular verb: to be, I am/have: ndili / ndine

Ndili

I am / have: Ndili

> e.g. **I am here:** Ndili kuno; **I am hungry:** Ndili ndi njala ("I am with hunger" or "I have hunger); **I am pregnant:** Ndili ndi mimba ("I am with a tummy" or "I have a tummy")

You (sing.) are / have: Uli

> e.g. **Are you hungry?** Uli ndi njala?

He/she/it is / has: Ali

> e.g. **she is thirsty:** Ali ndi ludzu

We are / have: Tili

> e.g. **We are at home:** Tili kunyumba

You (pl.) are / have: Muli

> e.g. **You are close:** Muli pafupi

They are / have: Ali

> e.g. **They are hungry:** Ali ndi njala

'Ali' and 'muli' are frequently followed by 'ndi' (with). Examples in future lessons show how this works.

Ndine

I am: Ndine

>   e.g. **I am a teacher:** Ndine mphunzitsi;
>
>   **I am English:** Ndine Mngerezi;
>
>   **I am from America:** Ndine wa ku America

You are (sing.): Ndiwe

>   e.g. **You are fat:** Ndiwe onenepa

He/she/it is: Ndi

>   e.g. **He is thin:** Ndi wowonda

We are: Ndife

>   e.g. **We are poor:** Ndife osauka

You are (pl.): Ndinu

>   e.g. **You are blessed:** Ndinu odalitsidwa / odala

They are: Ndi

>   e.g. **They are good people:** Ndi anthu abwino

What's the difference between ndili and ndine?

- Ndili is used for <u>location</u> or for <u>a temporary situation</u> (e.g. I'm here, I'm fine)
- Ndine is used for a <u>permanent</u> one (e.g. I'm English);
- People who have learnt Spanish or Portuguese will find this familiar, since those languages make the same distinction.

Lesson 28: Irregular verb: to be/stay alone: kukhala wekha

Kukhala: To be, to live or to stay

I am alone: Ndili ndekha

You are alone: Uli wekha

He/she/it is alone: Ali yekha

We are alone: Tili tokha

You are alone: Muli nokha

They are alone: Ali okha

The verb **kukhala** on its own means 'to live' or 'to stay' but in combination with certain nouns and adjectives, it means 'to be', e.g. **To be quiet:** Kukhala ofatsa

To be naked: Kukhala maliseche

Ndimakhala ndekha: I live on my own

I will stay alone: Ndikhala ndekha

You (sing.) will be/stay alone: Ukhala wekha

He/she/it will be/stay alone: Akhala yekha

We will be/stay alone: Tikhala tokha

You (pl.) will be/stay alone: Mukhala nokha

They will be/stay alone: Akhala okha

Lesson 29: Twelve common verbs (1)

Note that when pronouncing a verb with ku-, don't forget to put the accent on the syllable immediately after ku-, i.e. kuLAwa, kuPHUnzitsa, kuGAniza. You will be wrong if you say kuphunZItsa, kugaNIza.

To taste: Kulawa

To teach: Kuphunzitsa

To tell: Kuuza

To think: Kuganiza

To throw: Kuponya

To throw away: Kutaya

To wait: Kudikira

To walk: Kuyenda

To want: Kufuna

To wash/bath (oneself): Kusamba

To wash something (esp. clothes): Kuchapa

       Cannot be used for washing dishes (kutsuka).

To write: Kulemba

To help you identify them, the 'stem' of the verbs from above are underlined in the examples below.

I am waiting for my mum: Ndiku<u>dikira</u> mayi anga

What did you say? Una<u>nena</u> kuti chani?

He/she has had a bath already: Wa<u>samba</u> kale

We will wash our clothes: Ti<u>chapa</u> zovala zathu

What were you thinking? Muma<u>ganiza</u> chani?

When they write a letter don't reply:

Aka<u>lemba</u> kalata osayankha

Lesson 30: Twelve common verbs (2)

To be tired: Kutopa

To do: Kuchita

To happen: Kuchitika

To take: Kutenga

To see: Kuona

To sing: Kuyimba

To squeeze: Kufinya

To stand: Kuima

To start: Kuyamba

To speak / talk: Kulankhula

To smile: Kusekelera

To swim: Kusambira

What are you doing? Ukuchita chani?

He/she took me to town: Ananditenga ku tauni (ndi = me)

We have spoken to the doctor: Talankhula ndi Adotolo

You will sing in the choir: Muyimba mu kwaya

They were swimming in the river:
Amasambira mu mtsinje

When I am tired, I drink water:
Ndikatopa, ndimamwa madzi

Lesson 31: Twelve common verbs (3)

To recognize: Kuzindikira

To refuse: Kukana

To repent / to confess: Kulapa

To remain / stay: Kukhala

To remember: Kukumbukira

To remind: Kukumbutsa

To return: Kubwerera

To sell: Kugulitsa

To shout: Kukuwa

To shout at: Kukalipa

To shut / close: Kutseka (don't confuse with kuseka, to laugh)

To sleep: Kugona

He/she is selling his/her car: Akugulitsa galimoto yake

We slept at the Lake: Tinagona ku Nyanja

Have you closed the door? Mwatseka chitseko?

They will return today: Abwerera lero

I was refusing to confess: Ndimakana kulapa

When you remember, tell me:

Ukakumbukira, undiuze (ndi = me)

Lesson 32: Twelve common verbs (4)

To cut: Kudula

To leave (i.e. go away): Kuchoka

To pass (somewhere): Kudutsa

To play: Kusewera

To point out: Kusonyeza

To pray: Kupemphera

To protect: Kuteteza

To pull: Kukoka

To push: Kukankha

To put: Kuika

To recover from an illness: Kuchira

To sit down: Kukhala (can also mean 'to live' or 'to be')

> e.g. **I will sit down later:** ndikhala nthawi ina;
>
> **I sat down and then...:** ndinakhala kenako...

We are pushing the cart: Tikukankha galimoto

Did you play outside? Munasewera panja?

They have passed by already: Adutsa kale

I will pray later: Ndipemphera nthawi ina

Where were you living? Umakhala kuti?

When he/she recovers, he/she should return to work:

> Akachira abwerere ku ntchito

Lesson 33: Twelve common verbs (5)

To be necessary: Kufunika

To go in / enter: Kulowa

To lift up / carry: Kunyamula

To love: Kukonda

To make: Kupanga

To marry: Kukwatira (for a man marrying a woman);

kukwatiwa (for a woman marrying a man)

To meet: Kukumana

To mend / fix / repair / prepare: Kukonza

To obey: Kumvera

To pass (an exam): Kukhoza

To pay: Kulipira

To work: Kugwira ntchito

What are you carrying? Mukunyamula chani?

They met an old woman: Anakumana ndi nkhalamba

I have already paid: Ndalipira kale

You will carry the heavy stuff: Unyamula zolemera

He was working with the government:

Amagwira ntchito ndi aboma

When I pass the exam, I will receive an award:

Ndikakhoza mayeso, ndilandira mphatso (mphatso
= gift)

Lesson 34: Twelve common verbs (6)

To know: Kudziwa

      e.g. **I know:** ndikudziwa

To fail: Kulephera

To finish: Kumaliza

To go/leave: Kupita

To hear: Kumva

To hide oneself: Kubisala

To hide something: Kubisa

To hit someone: Kumenya

To laugh: Kuseka (don't confuse with kutseka, to shut)

To learn: Kuphunzira

To leave something / someone: Kusiya

To lie: Kunama

They are going to the village: Akupita kumudzi

I learnt a lot of things: Ndinaphunzira zambiri

Have you (sing.) finished work? Wamaliza ntchito?

He/she will hide under the table: Abisala pansi pa tebulo

We were laughing loudly: Timaseka mokuwa

      Note: kukuwa = to shout, mokuwa = loudly

When you hear a lion, run!

      Mukamva mkango thamangani

      Kuthamanga = to run

Lesson 35: Twelve common verbs (7)

To dance: Kuvina

To die: Kufa

   e.g. **the dog died:** galu anafa

To draw: Kujambula (also used for recording music)

   e.g. **draw a picture / take a photo:** jambula chithunzi

To drink: Kumwa

To drown: Kumira

To fall: Kugwa

To fear / be afraid: Kuopa

To fight: Kumenyana

To find: Kupeza

To forget: Kuyiwala

To give: Kupatsa

To run: Kuthamanga

I am drinking beer: Ndikumwa mowa

You danced all night: Unavina usiku wonse

He/she has forgotten everything: Wayiwala zonse

We will fight when we get to school:

   Timenyana tikafika ku sukulu

You were afraid of the cat: Mumaopa mphaka

When they run, they get dirty: Akathamanga amada

Lesson 36: Twelve common verbs (8)

To be born: Kubadwa

To break / shatter: Kuphwanya

To buy: Kugula

To chat: Kucheza

To choose: Kusankha

To climb/get onto: Kukwera

> Can be used for getting onto a bus, into a car or even climbing a mountain.

To come: Kubwera

To cook: Kuphika

To cry: Kulira

To go: Kupita

To go out: Kutuluka

To read / to count: Kuwerenga

Where are you going? Ukupita kuti?

He/she was born last year: Anabadwa chaka chatha

We have chosen what we want:

> Tasankha zomwe tikufuna

What will you buy? Mugula chani?

They were chatting with me: Amacheza nane

When I've cooked I will help you: Ndikaphika ndikuthandiza (ku = you; kuthandiza = to help)

Lesson 37: Twelve common verbs (9)

To be fat: Kunenepa

To be happy: Kusangalala

To be ill/sick: Kudwala

To be poor: Kusauka

To be rich: Kulemera

To beg (as in "ask for" something): Kupempha

To bend: Kupinda

To bite: Kuluma

To close / shut: Kutseka

To descend / get out of: Kutsika

To plant: Kubzala

To share / divide / distribute: Kugawa / Kugawira

He/she is planting trees: Aku<u>bzala</u> mitengo

We asked for water ages ago: Tina<u>pempha</u> madzi kalekale

Have you closed the door? Mwa<u>tseka</u> chitseko?

They will get fat if they keep on eating like that:

A<u>nenepa</u> akamadya choncho

I was begging for money: Ndima<u>pempha</u> ndalama

When you've dished out the food, call me:

Uka<u>gawa</u> zakudya u**ndi**itane (ndi = me)

Lesson 38: Twelve common verbs (10)

To advise: Kulangiza

To agree: Kuvomera

To allow: Kulola

To answer: Kuyankha

To arrive: Kufika

To ask: Kufunsa

To be angry: Kukwiya

To get drunk: Kuledzera

        e.g. **I am getting drunk:** ndikuledzera;

To help: Kuthandiza

To kill: Kupha

To send: Kutumiza

To put on (get dressed): Kuvala

We're advising our children: Tiku<u>langiza</u> ana athu

What time did you arrive: Muna<u>fika</u> nthawi yanji

They have allowed me to marry her:

        A<u>lola</u> kuti ndi**mu**kwatire (mu = her)

I will help you: Ndi**ku**<u>thandiza</u> (ku = you)

You were getting angry so I stopped:

        Uma<u>kwiya</u> nde ndinasiya

When he/she has killed the chicken, cook it:

        Aka<u>pha</u> nkhuku u**yi**phike (yi = it)

This is the last of the lessons on verbs but there are many more verbs in the dictionary.

Each of the last ten chapters on verbs has ended with six phrases using six of the twelve new verbs. What did you notice about these phrases?

1. Each of the lines used a different person:
    I, he/she, you (sing.), we, you (pl.), they.

2. Each phrase was a different tense:

    *   Line 1: present tense (I am doing...)
    *   Line 2: past tense (I did...)
    *   Line 3: perfect tense (I did/have done...)
    *   Line 4: future tense (I will do...)
    *   Line 5: imperfect tense (I was doing...)
    *   Line 6: 'when' tense (When I do...)

3. Each person (I, he/she etc) appeared in each one of these six tenses either once or twice in the last ten lessons.

If you didn't make these observations, go back and take another look.

Lesson 39: Commands / the imperative mood (1)

For the singular just remove the "ni" at the end of the word. You can use the plural when referring to one person as it is the more respectful form of the command. You would only use the singular if you were speaking to a child, an equal or a subordinate.

Sit: Khalani (pl.)

Stand: Imani (pl.) pronounced as though it is preceded by 'y' i.e. yimani; singular = ima!

Walk: Yendani (pl.)

Run: Thamangani (pl.)

Go: Pitani (pl.)

Leave (i.e. go away): Pitani (pl)

Go that side: Pitani mbali iyo (pl.)

Come: Bwerani (pl.)

Come here: Bwerani kuno (pl.)

Go away: Chokani (pl.)

Sit here, let's chat: Khalani apa ticheze

Stand in that line: Imani mu mzere uwo

Walk with me: Yendani ndi ineyo

Come here fast: Bwerani kuno mwamsanga

Note: Kuno = right here, where I am; apa – here near me

Lesson 40: Commands / the imperative mood (2)

Lift/carry: Nyamulani (pl.)

>Singular = nyamula e.g. you might tell a child to carry their school bag: nyamula bagi ya ku sukulu

Stop: Siyani (pl.) *or* basi (basi = that's enough / that's it)

Let's go: Tiyeni (pl.)

Hurry up: Fulumirani (pl.)

Be careful, watch out: Samalani (pl.)

>Singular = Samala e.g. if you're crossing a busy road with a young child you might say Samala!

Listen: Tamverani (pl.)

>'Ta' adds emphasis to the instruction. You can add 'ta' to any of the instructions: tanyamulani, tasiyani etc.

Keep quiet: Khalani chete (pl.) or Khala chete (sing.)

Quiet! Chete!

Don't make a noise: Osapanga phokoso

>When you say 'osa-' (don't), you don't add '-ni'.

Take (it): Tengani (pl)

Take (them): Atengeni (pl);

>Normally used with reference to people. If you were talking about things e.g. bananas – **'take them'** would be zitengeni (pl.)

Lesson 41: Commands / the imperative mood (3)

Take: Tengani (pl)

> **Fetch / go and get:** <u>Ka</u>teng<u>e</u>ni (pl.)
>
> 'Ka-' shows it is an instruction to **go and** do something. Other commands can be adjusted in the same way. Also note the 'a' that's become an 'e'

Cut: Dulani (pl)

> **Go and cut:** <u>Ka</u>dul<u>e</u>ni

Cut here: Dulani apa (pl)

Cut there: Dulani apo (pl)

Push: Kankhani (pl.)

> **Go and push:** <u>Ka</u>kankh<u>e</u>ni

Push hard: Kankhani ndi mphamvu (pl.);

> literally, push with strength

Pedal (e.g. a bicycle): Palasa (sing.)

> e.g. if you were teaching a child how to ride a bike. I give the singular as one is more likely to be teaching a child than an adult.

Pedal slowly: Palasani pang'ono pang'ono (pl.)

Let's dance: Tiyeni tivine! (pl.)

> e.g. if you were at a disco or a party and you were trying to get people to get up and dance.

Lesson 42: Commands / the imperative mood (4)

Look here: Yang'anani kuno

Look there: Yang'anani uko

Open: Tsegulani (pl.)

Go and open the door (to a child): Katsegule chitseko

Close: Tsekani (pl.)

Lie down: Gonani pansi (pl.)

Shout: Kuwani (pl.)

Call: Itanani (pl.)

Pour: Thirani (pl.)

Kneel down: Gwadani (pl.)

Take care / watch out: Samalani (pl.)

Call the police:

    Itanani apolisi

Kneel down, let us pray:

    Gwadani, tipemphere

Go and open the door, we have a guest (said to a child):

    Katsegule chitseko, kwabwera alendo

Take care when you are crossing a road:

    Samalani mukamaoloka mseu (kuoloka = to cross)

    Note: -ma- makes it a general rule i.e. if ever you

    are crossing

Lesson 43: Professions

Doctor (doctors): <u>A</u>dokotala (madokotala)

> Adding '<u>a</u>' in front of the word is a mark of respect

Nurse (nurses): Anesi (manesi)

Lawyer (lawyers): Loya (maloya)

Office job: Ntchito yamu ofesi

Clerk: Kalaliki

Policeman/woman (policemen):

> Wapolisi (Apolisi)

Soldier (soldiers): Msilikali (asilikali)

Worker i.e. housegirl/boy (workers):

> Wantchito (antchito)

Farmer (farmers): Mlimi (alimi)

Gardener: Gadeni boyi

President: Pulezidenti / Apulezidenti

Journalist: Mtolankhani (literally, story pick-upper)

Will you go to work today? Mupita kuntchito lero? (pl.)

I am at work: Ndili ku ntchito

What do you do for a living? Mumagwira ntchito yanji?

I am a journalist: Ndine mtolankhani

What do you want to be when you grow up?

> Ukufuna udzakhale chani ukakula?

I want to be a doctor: Ndimafuna nditakhala dotolo

Lesson 44: The weather

It's very cold today:

> Kukuzizira kwambiri lero

I feel cold:

> Ndikumva kuzizira

Do you feel cold?

> Ukumva kuzizira? (sing.)

No, it will get very cold in June:

> Ayi, kuzizira kwambiri mu Juni

It's sunny today:

> Lero kuli dzuwa

It's too hot:

> Kukutentha udyo

Is it always this hot?

> Kumatentha chonchi nthawi zonse?

It is raining today:

> Mvula ikugwa lero (**kugwa:** to fall)

I got wet in the rain:

> Ndinanyowa mu mvula

Did you remember to bring an umbrella?

> Unakumbukira kubweretsa ambulera?

It hasn't rained like this in a while:

> Mvula sinagwe chonchi pa kanthawi

It's windy: Kuli mphepo

Lesson 45: Arriving as a guest at someone's house (1)

Hello? Can I come in?

Odi? Nditha kulowa?

Please come in:

Lowani

Please sit down:

Khalani (pansi)

Please sit on the chair:

Khalani pa mpando

Please sit on the mat:

Khalani pa mphasa (in the village they normally have woven mats that people can sit on but as you are a guest they will offer you a chair if one is available)

This is a beautiful house:

Nyumba ino ndi yabwino

This is a big house:

Nyumba ino ndi yaikulu

You have a big house:

Muli ndi nyumba yaikulu (literally, you are with a big house)

Please could I have some water?

Mutha kundigawira madzi?

Literally, please could you share <u>me</u> some water?,
the 'ndi' refers to me/oneself.

Don't worry about food:

> Osadandaula za chakudya (e.g. if you are being
> offered food but you're not hungry)

Would you like some tea?

> Mungafune tiyi?

Yes, I will have some tea:

> Eya, ndimwa tiyi

Me too:

> Inenso

Should I add sugar?

> Ndiwonjeze (*or* ndithire) shuga?

Should I add milk?

> Ndiwonjeze (*or* ndithire) mkaka?
>
> Note: **ndithire:** should I pour; from the verb
> **kuthira**: to pour.

Lesson 46: Arriving as a guest at someone's house (2)

Is the madam here? Mayi alipo?

Is the master here? Bambo alipo?

Is his wife here? Akazi awo alipo?

Is her husband here? Amuna awo alipo?

Yes, he/she is here: Eya, alipo

Indeed, he/she is here: Inde, alipo

No, he/she is not here: Ayi, palibe

Sorry, he/she is not here: Pepani, palibe

He/she has gone to town: Apita ku tauni

He/she has gone to work: Apita ku ntchito

He/she has gone to the market: Apita ku msika

> Note: for the past tense you don't say the 'a'
> emphatically. If it was a future tense, e.g. he will go
> to the market: **A**pita ku msika the 'a' is said with
> emphasis. Note the emphasis on 'a' in the
> following three future tense examples.

When will he/she come back? Abwera liti?

What time will he/she be back? Abwera nthawi yanji?

He/she will be back soon: Abwera posachedwa

I don't know where he/she is: Sindikudziwa kuti ali kuti
> Sindikudziwa kumene ali; Kuti means 'that' or
> 'where'; *kuti ali kuti* therefore literally translates to

'that she is where'.

He/she said you should wait for him/her:

Anati mu<u>wa</u>dikire (the 'wa' means 'for him/her')

All verbs and pronouns above are plural for politeness.

Lesson 47: Finding out about someone!

What is he/she like? Ndiwotani?

He/she is very nice: Ndi wabwino kwambiri

He/she is beautiful: Ndi wokongola

He/she is not good-looking: Ndi wosawoneka bwino

He/she is ugly: Ndi wonyasa (impolite)

He/she is hot-tempered: Amapsa mtima msanga /

Ndi wokula mtima

He/she is a loving person: Ali ndi mtima wabwino

Literally, he/ she is good-hearted

He/she is generous: Ali ndi mtima wopatsa

Literally, he/she has a giving heart

He/she is hardworking: Ndi wolimbikira

He/she is lazy: Ndi wa ulesi

I don't like him/her: Sindimamukonda

He/she is very difficult to deal with: Ndi wovuta

He/she makes themselves at home: Alibe chilendo

Literally, he/she does not have "foreignness" i.e.
when the person is in a new scenario they don't
make you feel awkward, they just fall right into
place. It's a very strong compliment for someone to
say this about you!

Lesson 48: Directions

To the right: Kumanja

To/on the left: Kumanzere

In front / ahead: Kutsogolo / patsogolo

Forwards: Mtsogolo

Behind: Kumbuyo

Backwards: M'mbuyo / cham'mbuyo

      e.g. **drive backwards:** yendetsani cham'mbuyo

North: Kumpoto

South: Kumwera

East: Kummawa; Kumvuma (less common)

West: Kuzambwe

If you were giving directions and wanted to say go this way or that, you would say "**pitani**" followed by one of the above, e.g. **go right:** pitani kumanja; **go straight on:** pitani kutsogolo.

I am lost, which way for Club Makokola?

      Ndasowa, ndingafike bwanji ku Club Makokola

Does this road go to Lilongwe?

      Mseu uwu umapita ku Lilongwe?

No, turn around; go to the right

      Ayi, tembenukani; pitani kumanja

Lesson 49: Directions and locations

You should go back: Mubwelere

Where you are coming from (i.e. place):

Kumene mukuchokera

And then…: Kenako

Keep straight on: Muzingopita

If you do that, you'll get there: Mukatero mufikako

Over there: Apopo

Over here: Apapa

Everyone who agrees with me, stand here; everyone who disagrees with me stand there:

Ogwirizana nane imani apapa; onditsutsa imani apopo

This place: Kunoko

That place: Kumeneko

It's hotter here than there:

Kunoko ndi kotentha kusiyana ndi kumeneko

In there: Umomo

In here: Munomo

The kids should play in there; we will pray in here:

Ana asewere umomo, tipemphera munomo

Lesson 50: Booking into a hotel (1)

I'd like a room, please: Ndikufuna malo ogona

We need a room to sleep please: Tikufuna malo ogona

How many rooms do you need?

Mukufuna zipinda zingati?

Just one: Chimodzi chokha

I need two rooms, please:

Ndikufuna zipinda ziwiri, chonde

One for me and my wife, another for my kids:

Chimodzi cha ine ndi akazi anga, china cha ana

anga

How long will you be staying? Mukhala masiku angati?

Just one night: Tigona kuno lero lokha

Literally, we sleep here today only

We will stay for three nights: Tikhala masiku atatu

We will leave tomorrow (the day after tomorrow):

Tinyamuka mawa (mkucha)

I don't know yet: Sindikudziwa pakali pano

We will let you know: Tikudziwitsani

'Kudziwitsa' is to inform; 'Ti' is we; 'ku' is you;

'ni' is the plural/respectful format. You add 'ku'

whenever you will do something to someone e.g.

we will hit you: ti<u>ku</u>menya(ni).

Lesson 51: Booking into a hotel (2)

Please could you give me a 6 a.m. wake up call?

Mutha kundidzutsa sikisi koloko?

Please could you give us a 6 a.m. wake up call?

Mutha kutidzutsa sikisi koloko?

Do you provide room service?

Mumatha kubweretsa zakudya kuchipinda?

(Literally, are you able to bring food to the room?)

What time does breakfast start?

Blekfasti imayamba nthawi yanji?

What time do you stop serving breakfast?

Blekfasti imatha nthawi yanji?

What time do you stop serving breakfast?

Mumasiya kupereka chakudya cha m'mawa nthawi yanji?

What time do you start serving dinner?

Dina imayamba nthawi yanji?

What time do you start serving dinner?

Chakudya cha madzulo mumayamba kupereka nthawi yanji?

What's there to do in this town? We are looking for things to do:

Tingathe kupanga chiyani mutauni ino? Tikufuna zinthu zochita.

Is there a bank nearby?

> Pali banki pafupi?

Is there somewhere to change money nearby?

> Pali kosintha ndalama pafupi? Kosintha is from the verb kusintha, to change. 'Ko-' means *somewhere to*. So, kovala is *somewhere to dress* (from kuvala).

We want a taxi. Where can we find one?

> Tikufuna takisi. Tingayipeze kuti? / Magalimoto ahayala amapezeka? ('yi' = 'it' i.e. the taxi)

Sleep well:

> Gonani bwino

Thank you:

> Zikomo

You too:

> Inunso (pl., respectful) Iwenso (sing.)

Lesson 52: Talking to workers (1)

Is the food ready?

> Chakudya chapsa? (note the unusual pronunciation using Chichewa 101's audio book)

The food is burnt; could you cook it again:

> Chakudya chapselera; phikaninso (the '-nso' means 'again')

The meat has gone off; throw it away:

> Nyama yavunda, itayeni

Go to the market and buy…: Pitani kumsika mukagule…

Please take Jane to school: Mumuperekeze Jeni ku sukulu

Please pick up John from school:

> Mukamutenge Joni ku sukulu

Has the baby/child eaten? Mwana wadya?

Have the children eaten? Ana adya?

Please can you give Charles a bath?

> Mutha kumusambitsa Chalosi?

Please can you change the baby's nappy?

> Mutha kusintha thewera la mwana?

Lesson 53: Talking to workers (2)

Some guests are coming:

Kubwera alendo

We will be receiving a guest / guests:

Tilandira alendo

Please call me when the guest(s) arrive:

Mundiyitane mlendo (alendo) akafika

Is there someone outside?

Kodi kuli munthu aliyense kunjako?

Yes, the guests have arrived:

Inde, alendo afika

Tell them to come in:

Awuzeni alowe

The guests will be here at any moment:

Alendo *atsala pang'ono kufika*

i.e. *they have remained with a little time to arrive*

The phone is ringing; who's calling?

Foni ikulira; wayimba ndi ndani?

Today can you cook beef?

Lero mutha kuphika ng'ombe?

Can you cut the grass?

Mutha kuchecha maudzu?

You have done a good job:

Mwagwira ntchito bwino

Lesson 54: Talking to workers (3)

Here is your salary:

Eni malipiro anu

Please help me to move the couch:

Mutha kundithandiza kusuntha mpando?

Push it here:

Kankhirani kuno

Push it there:

Kankhirani uko

Jane starts school tomorrow:

Jeni ayamba sukulu mawa

Please wake her up at 6 o'clock:

Mumudzutse sikisi koloko

By 7 o'clock she should be washed, dressed and eaten:

Ikamati seveni koloko akhale atasamba, atavala ndi

atadya (ikamati = when it is reaching)

Who will take her to school?

Adzamutenge ku sukuluko ndi ndani?

I will drop her off myself:

Ndikamutula ndekha

Lesson 55: Talking to workers (4)

Have you washed the clothes?

> Mwachapa zovala?

Could you please wash these clothes?

> Mutha kuchapa zovala izi?

Have you washed the car?

> Mwachapa galimoto?

Please sweep the house today:

> Musese munyumba lero

The house is in a mess:

> Nyumba ili pwirikiti

Please could you lay the table?

> Mutha kuyala pa tebulo?

Please could you dust the couches?

> Mutha kupuputa mipando?

We are going away tomorrow:

> Tikuchokapo mawa

We will be back on Saturday:

> Tibwerera Loweruka

Please put these flowers on the table:

> Mutha kuika maluwa awa pa tebulo?

I am thirsty; can you please bring some water?

> Ndikumva ludzu; mutha kubweretsa madzi?

Lesson 56: Cutlery and kitchen stuff

Kitchen: Khitchini

Kitchen sink: Sinki yamu khitchini

Plate(s): Mbale (singular and plural)

Cup(s): (Ma)kapu

Fork(s): (Ma)foloko

Spoon(s): (Ma)supuni

Knife (knives): Mpeni (mipeni)

Tumbler(s): (Ma)tambula

Drawer(s): (Ma)dirowa

The cups are in that cupboard:

Makapu ali mu kabati iyoyo

You'll find the forks, knives and spoons in there:

Mupeza mafoloko, mipeni ndi masupuni umomo

When you've eaten leave the plates in the sink:

Mukadya musiye mbale mu sinki yamu khitchini

Leave the tumblers on the side:

Musiye matambula pa mbalipo

'-po' in mbalipo means 'over there';

you use -po when the word has pa- in front of it,

and -mo when it has mu-

Lesson 57: Still in the kitchen

Food: Chakudya / zakudya (sing./pl.)

> Zakudya is only plural; chakudya can be singular or plural

Table: Tebulo

Cooker: Kuka / pophikira

Fridge: Firiji

Saucer(s): (Ma)sosala

Pot(s): Poto (mapoto)

Frying pan: Selempani / felempani

Toaster: Makina owotchera buledi (machine for roasting bread) / chowotchela buledi (the bread roaster)

Cupboard: Kabati

I am preparing some food: Ndikukonza zakudya

Is the food on the table? Chakudya chili pa tebulo?

The drinks are in the fridge: Zakumwa zili mu firijimo

> '-mo' in firijimo emphasises that it's 'in' the fridge

Our pots are old: Mapoto athu ndi akale

The saucers are in the cupboard:

> Masosala ali mu kabatimo

Lesson 58: Colours

Black: -kuda

He is: ndi; **person:** munthu

He is a black man: ndi mwamuna <u>wakuda</u>

White: -yera

To put on: kuvala; **shirt:** malaya

You will wear a white shirt: Uvala malaya <u>oyera</u>

Red: -fiira

My eyes: Maso anga

My eyes are bloodshot: Maso anga <u>afiira</u>

Blouse: Bulauzi

Wear a red blouse: Vala bulauzi <u>yofiira</u>

Green: -biriwira; -girini

I have: Ndili ndi; **shoes:** Nsapato

I have a pair of green shoes:

> Ndili ndi nsapato <u>zobiriwira</u> / <u>zagirini</u>

Yellow: -chikasu; -yelo

Do you have: uli ndi; **belt:** lamba

Do you have a yellow belt?

> Uli ndi lamba <u>wachikasu</u> / <u>wayelo</u>?

The above are the most frequently used proper Chichewa

words for colour, after that many people start using Chichewanized versions of the English.

Orange: Olenji

I want: ndikufuna; **tiles:** matayilo

I want orange tiles: Ndikufuna matayilo a <u>olenji</u>

Pink: Pinki

I love: ndimakonda; **clothes:** zovala

I love pink clothes: ndimakonda zovala <u>zapinki</u>

Blue: Bulu

Do you have? Uli ndi?

Jacket: jekete

Do you have a blue jacket? Uli ndi jekete <u>yabulu</u>

Purple: Pepo

Fetch: katenge (sing.); **cup:** kapu

Fetch the purple cup: Katenge kapu <u>yapepo</u>

Lesson 59: Foods (1) - basics

Sugar: Shuga

Salt: Mchere

Pepper/chilli: Tsabola

Bread: Buledi

Tea: Tiyi

Coffee: Khofi

Milk: Mkaka

Margarine / butter: Stoko; majarini / bata

Stork is actually a brand of margarine. One notable thing about Malawians is that we love to use brand names as though they were product names.

Thirty years of an authoritarian regime means that variety wasn't really something we had. There was usually just one brand or one popular brand.

You'll frequently hear villagers say 'Fanta' when they just mean a fizzy drink. We call polish 'Kiwi' as that was the popular brand in the 1980s and 1990s and so forth.

Jam: Jamu

Cooking oil: Mafuta ophikira

My tea: tiyi wanga; **is:** ali; **where:** kuti

Where is my tea? Tiyi wanga ali kuti?

Cold: -zizira

My tea is cold: Tiyi wanga wazizira

Lesson 60: Foods (2) - protein

Meat: Nyama

Chicken(s): Nkhuku

Beef / Cow(s): Ng'ombe

Pork / Pig(s): Nkhumba

Goat(s): Mbuzi

Duck(s): (A)bakha

Lamb/Sheep: Nkhosa

Sausage(s): Soseji

Fish: Nsomba

Egg(s): Dzira (mazila)

Note: in Chichewa we do not differentiate between the animal and its meat (e.g. beef vs. cow) and all the animals in this lesson are singular and plural except for ducks.

What animals do you keep?

>Mumaweta zinyama zanji?

I keep cows, pigs and goats:

>Ndimaweta ng'ombe, nkhumba ndi mbuzi

I used to keep sheep but they all died:

>Ndimasunga nkhosa koma zinafa zonse

How did they die? Zinafa bwanji?

They were ill: Zimadwala

Lesson 61: Foods (3) - carbs

Mealie meal (a stiff maize porridge): Nsima

Nsima is Malawi's staple food.

Maize: Chimanga

Rice: Mpunga

Potato(es): Mbatatesi (singular and plural)

Sweet potato(es): Mbatata (singular and plural)

Spaghetti: Supageti

Cassava: Chinangwa

Pumpkin(s): Dzungu (Maungu)

Beans: Nyemba

Groundnuts: Mtedza

We eat rice at Christmas:

Timadya mpunga nthawi ya khirisimasi

We eat nsima every other day:

Timadya nsima masiku ena onse

We also eat nuts, pumpkins and cassava:

Timadyanso mtedza, maungu ndi chinangwa

Have you ever tasted spaghetti?

Munalawapo supageti?

-po here means 'ever' or 'in the past'

No, I have never tasted it:

Ayi, sindinalawepo

Lesson 62: Foods (4) - vegetables

Carrot(s): (Ma)kaloti

Green vegetables (i.e. greens): Masamba

    Amaranth leaves: Bonongwe

    Mustard greens: mpiru / tanaposi

    Chinese cabbage: chainizi

Cabbage: Kabichi

Cucumber(s): Mnkhaka (Minkhaka)

Lettuce: Letesi

Eggplant(s); aubergine(s): (Ma)biringanya

Onion(s): Anyezi (this is both singular and plural)

Okra: Therere

Peas: Nsawawa

I grow my own cabbage and lettuce:

    Ndimalima kabichi ndi letesi ndekha

I buy peas: Ndimagula nsawawa

I don't like eggplants: Sindimakonda mabiringanya

Okra is out of season: Therere samapezeka nthawi zino

(Literally, okra isn't found at this time)

Lesson 63: Foods (5) - fruit

Fruit(s): Chipatso (Zipatso)

Tomato(es): Tomato (matimati)

> Tomato is singular or plural, matimati is plural.

Banana(s): Nthochi (singular and plural)

Apple(s): Apozi (singular and plural)

Lemon(s): (Ma)ndimu

Orange(s): (Ma)lalanje

Avocado(s): (Ma)peyala

Papaya(s): (Ma)papaya

Mango(es): Bango (Mango)

> Bango is singular only, mango is singular or plural.

Pineapple: Chinanazi / Nanazi

Please fetch me one mango:

> Katenge mango amodzi

If you want health, you should eat fruit:

> Ngati mukufuna thanzi, muzidya zipatso

Your land is very rich in fruit:

> Dziko lanu ndilolemera ndi zipatso

You find everything here: bananas, lemons, oranges, avocadoes, papaya, mangoes, pineapples...

> Chilichonse chimapezeka kuno: nthochi, mandimu, malalanje, mapeyala, mapapaya, mango, nanazi...

Lesson 64: Road trip (1)

We're going on a trip today:

> Tikupita pa ulendo lero

How are you travelling? (i.e. what transport method):

> Mupita pa chiyani? / Muyenda bwanji?

We will go by coach / bus / car / plane:

> Tipita pa kochi / basi / galimoto / ndege

Have you packed some snacks for the journey?

> Mwalongedza zakudya mu njira?

Yes, but I didn't bring any water:

> Eya, koma sindinalongedze madzi okumwa

What time will you leave?

> Munyamuka nthawi yanji?

How come you haven't left already?

> Bwanji simunanyamukebe?

It's getting dark. You should just leave tomorrow:

> Kukuda kunjaku. Mungonyamuka mawa

There are too many bandits nowadays:

> Achifwamba achuluka masiku ano

I agree, I will leave tomorrow:

> Mukunena zoona, ndinyamuka mawa

Lesson 65: Road trip (2) - breakdown

I am stuck in mud:

>   Ndatchona m'matope / Ndatitimira m'matope

The car has broken down:

>   Galimoto yatchona / Galimoto yawonongeka

The tyre is flat; do you have a spare tyre?

>   Tayala laphwa; muli ndi tayala lapadera?

Do you know how to change a tyre?

>   Mumatha kusintha tayala?

No, I don't know how:

>   Ayi, sindimatha / Ayi, sinditha

We left Blantyre a long time ago:

>   Tachoka mu tawuni ya Blantyre kalekale

I am surrounded by bush:

>   Pali thengo lokha lokha pamene ndili pano;

>   Lokha lokha means only; literally, there is bush
>   only where I am now.

I have run out of fuel:

>   Mafuta a galimoto atheratu

Can you come and tow me?

>   Mutha kudzandikoka? / Mungadzandikoke?

How long will it take you to get here?

>   Mutenga nthawi yayitali bwanji kuti mundipeze?

>   Literally, mundipeze = for you to find me

Lesson 66: Road trip (3) - coming across an accident

We have come across an accident: Tapeza ngozi

On the road to Lilongwe: Pa njira yopita ku Lilongwe

Do you know where you are? Mukudziwa kuti muli pati? / Mwafika pati?

Is everyone okay? Anthu onse ali bwino?

No, four people are injured: Ayi, Anthu folo avulazika / Anthu anayi avulala

And two people are dead: Ndiponso anthu awiri amwalira

Ndiponso = in addition *or* and

How did the accident happen? Ngozi inachitika bwanji?

They say the minibus driver was driving too fast:

Akuti dalaiva wa minibasi amathamanga kwambiri

Even when the rain started he didn't slow down:

Olo mvula itayamba sanasiye kuthamanga

An ambulance is needed: Ambulansi ikufunika

Lesson 67: Common animals

Dog(s): Galu (agalu)

Cat(s): Mphaka (amphaka)

Rabbit(s) / Hare(s): Kalulu (makalulu)

Cow(s): Ng'ombe

Pig(s): Nkhumba

Goat(s): Mbuzi

Lamb(s): Nkhosa

Chicken(s): Nkhuku

Ant(s): Nyerere

Mouse (mice): Mbewa

Rat(s): Khoswe (makoswe)

Pigeon(s): Nkhunda

Note: all the above are singular and plural except dog, cat, rabbit and rat

Do you have any pets?

> Muli ndi nyama zapakhomo kwanu?

We have a dog at our house:

> Tili ndi galu kwathu

We have two cats:

> Ife tili ndi amphaka awiri (ife = we)

We have pigeons but we eat them when they're big:

> Tili ndi nkhunda koma timazidya zikakula

Lesson 68: Wild animals

Lion(s): Mkango (mikango)

Elephant(s): Njovu

Hippo(s): Mvuu

Rhino(s): Chipembere (zipembere)

Buffalo(s): Njati

Deer(s): Gwape (agwape)

Snake(s): Njoka

Leopard(s): Nyalugwe (anyalugwe); kambuku (akambuku)

Hyena(s): Fisi (afisi)

Crocodile(s): Ng'ona

Monkey(s): Pusi (apusi)

Baboon(s): Nyani (anyani)

What did you see at Liwonde National Park?

> Munaona chani ku Liwonde?

We saw a crocodile and three elephants:

> Tinaona ng'ona ndi njovu zitatu

There were also many monkeys:

> Kunalinso anyani ambiri

We didn't see any rhino, buffalo or hippo:

> Sitinaone chipembere, njati olo mvuu

I'm happy with what I saw:

> Ndasangalala ndi zomwe ndinaona

Lesson 69: Body parts (1) - the face

Head(s): Mutu (mitu)

Face: Nkhope / kumaso

Skin: Khungu

Eye(s): Diso (maso)

Nose: Mphuno

Hair: Tsitsi

Mouth: Kamwa

Lip(s): Mlomo (milomo)

Cheek(s): Tsaya (masaya)

Tooth (teeth): Dzino (mano)

Tongue: Lilime

Neck: Khosi

Throat: Kukhosi / kum'mero

Ear(s): Khutu (makutu)

I have hair in my nose:

> Ndili ndi tsitsi mu mphuno mwanga

Your face is smooth:

> Nkhope yako ndi yosalala

You have beautiful eyes:

> Uli ndi maso okongola

You have such soft lips:

> Uli ndi milomo yofewa

Lesson 70: Body parts (2) - torso

Chest: Chifuwa / mtima

If you are talking about **'inside' the chest**, say M'chifuwa

Heart: Mtima

Breast(s): Bere (mabere)

Shoulder(s): Phewa (mapewa)

Stomach: Mimba

Back: Msana

Finger(s): Chala (zala)

Hand(s): Dzanja (manja)

Belly button: Mchombo

Fingernail(s): Chikhadabo (Zikhadabo)

Ribs: Nthiti (singular and plural)

Kidney(s): Impso (singular and plural)

Liver: Chiwindi

Intestines: Matumbo

Womb: Chiberekero

I feel pain inside my chest:

>Ndikumva kupweteka m'chifuwa mwanga

My back is sore:

>Msana wanga ukupweteka

They removed my womb at the hospital:

>Anadichotsa chiberekero ku chipatala

Lesson 71: Body parts (3) - waist and below

Waist: Chiuno

Rounded backside: Mbina

Bum / Buttocks: Matako

Thigh(s): Ntchafu (singular and plural)

Knee(s): Bondo (mawondo)

Leg(s): Mwendo (miyendo)

Foot (feet): Phazi (mapazi)

Toes: Zala za m'mpazi

Body (bodies): Thupi (matupi)

Blood: Magazi

Saliva: Malovu

I have small feet:

Ndili ndi mapazi aang'ono

She has a very nice rounded backside:

Ali ndi mbina yabwino kwambiri

Your thighs, your legs and even your knees are nice:

Ntchafu zako, miyendo yako, ndi mawondo ako

omwe ndi za bo; '-bo' is slang for 'good' or 'nice';

you'll hear it in some Malawian rap songs; or in

response to a greeting you might get 'ndili bo'.

Lesson 72: At the doctor's (1)

Come in: Lowani

I don't feel well: Sindikupeza bwino

I am sick: Ndikudwala

What's bothering you? Chiku<u>ku</u>vutani ndi chiyani?

> The second 'ku' means 'you'. Literally, this translates to what is bothering <u>you</u> is what?

I keep having headaches: Mutu ukumandipweteka

My stomach hurts: M'mimba mukupweteka

I think I may have broken my leg:

> Ndikuganiza kuti mwendo wathyoka

I've sprained my ankle:

> Ndabinya mwendo / Ndadzipotokola mwendo

I keep getting dizzy spells: Ndiku<u>ma</u>panga chizungulire

'Ndikupanga chizungulire' would mean **I am dizzy now**, it says nothing about whether or not you have had previous dizzy spells; adding 'ma' means you keep getting dizzy. It does not necessarily imply you currently are dizzy although you might well be. You can apply this to other words.

- e.g. ndiku<u>ma</u>samba ndi Lifebuoy means 'I have started bathing with Lifebuoy (soap)'.

- Ndi<u>ma</u>samba ndi Lifebuoy also means 'I bath with Lifebuoy' but does not relay the message that it might be a new thing that you now do but didn't do before.

- Ndikusamba ndi Lifebuoy is a simple present tense. I am bathing with Lifebuoy.

My back keeps on hurting: Msana ukuwawa

My child fell down: Mwana wanga anagwa

My heart is racing: Mtima wanga ukuthamanga

I have palpitations: Mtima wanga ukuthamanga

Lesson 73: At the doctor's (2)

I have a wound: Ndili ndi bala/chilonda

…on my leg: pa mwendo

I have boils: Ndili ndi zithupsa

…on my back: ku msana

I have malaria: Ndili ndi malungo

I have a fever: Thupi likuthentha

I keep on vomiting: Ndikumasanza

I have a cough: Ndili ndi chifuwa / Ndikutsokomola

I have a cold/flu: Ndili ndi chimfine

My nose is blocked: Mphuno zatseka

Are you passing urine? Mukumakodza?

I feel pain when passing urine:

　　　Ndikumva kupweteka pokodza

I have diarrhoea: Ndikutsegula m'mimba

He/she has diarrhoea: Akutsegula m'mimba

How many times have you had diarrhoea today?

　　　Mwatsegula kangati lero?

We need to test your blood and urine:

　　　Ofunika tiyeze magazi ndi mkodzo

Lesson 74: At the doctor's (3)

I've cut my finger: Ndazicheka chala

I burnt myself: Ndinadziwotcha ndi moto

I got burnt with hot water (porridge):

Ndapsa ndi madzi othentha (phala)

I am just losing weight (keep getting thin):

Ndikumangowonda *or* ndikungowonda

The wound is full of pus: Bala ladzadza ndi mafinya

My hand is swollen: Dzanja langa latupa

My lip is swollen: Mlomo wanga watupa

My lips are swollen: Milomo yanga yatupa

I can't sleep: Sindikumatha kugona

My eyes keep watering: Maso anga akumachucha madzi

I have toothache: Dzino likuwawa

My mouth is dry: Mkamwa mkuuma

Are you pregnant? Muli ndi pakati? / Muli ndi mimba?

Pakati means middle and mimba means stomach so these literally translate to: do you have a middle? / do you have a stomach?

When was your last period?

Kumwezi munapita liti / Munasamba liti?

Lesson 75: At the doctor's (4)

Are you breastfeeding your child?

> Mukumuyamwitsa mwana?

He/she keeps refusing: Akumakana

When did these sores break out?

> Zilondazi zinatuluka liti?

How long have you been ill?

> Mwakhala mukudwala masiku angati?

I think about two weeks:

> Eeee, ndikuganiza milungu iwiri

Why did you not come sooner?

> Bwanji simunabwere mwamsanga?

I couldn't afford the transport:

> Ndalama ya thiransipoti imandisowa (Literally, money for transport was lacking for me)

I thought it would stop on its own:

- Ndimayesa <u>zisiya zokha</u> this is plural so you would say this if you had several symptoms;
- Ndimayesa <u>usiya okha</u> this is singular and would be used if you had one complaint e.g. a headache;
- Ndimayesa musiya mokha this implies something internal e.g. a tummy ache.

The medicine you gave me is (not) helping:

> Mankhwala amene munandipatsa (s)akuthandiza

Lesson 76: HIV/Aids awareness clinic

AIDS: Matenda a Edzi

HIV: Kachilombo ka Edzi (literally, the beast of AIDS)

I was found to be carrying the HIV virus:

    Andipeza ndi kachilombo ka Edzi:

How is HIV transmitted?

    Kachilombo ka Edzi kamalowa muthupi bwanji?

It's transmitted through blood:

    Kamayenda mu magazi

When people sleep with each other (i.e. have sex)...

    Anthu akamagonana... / anthu akamachita za chisembwere

...or when they share a syringe...:

    ...olo akagwiritsira singano m'modzi...

...they can easily get infected with HIV:

    ...atha kupatsirana kachilomboka mosavutikira

Touching each other or eating from the same plate is not a problem:

    Kugwirana kapena kudya pamodzi sivuto, ayi

My husband gave me AIDS:

    Amuna anga anandipatsa Edzi

Does this mean I will die?

    Nde kuti ndifa?

My life is finished:

Moyo wanga watha

My husband will throw me out:

Amuna anga akandithamangitsa

Although he gave it to me:

Ngakhale anandipatsa ndi iwowo

Don't worry, madam:

Musadandaule, mayi

Lesson 77: At the airport

Will you take me to the airport?

>Munditenga ku bwalo la ndege?

When will we depart?

>Tinyamuka nthawi yanji?

The plane has landed:

>Ndege yatera

The flight is running late:

>Ndege yachedwa

We will land shortly:

>Ndege itera posachedwa

Is it time to board the flight?

>Nthawi yokwera ndege yakwana?

We have boarded the flight:

>Talowa mu ndege

Sit down; fasten your seat belts; don't smoke:

>Khalani pansi; mangani malamba anu; osasuta
>
>fodya

I have never been on a plane

>Sindinakwerepo ndege

Travel safely:

>Yendani bwino

Lesson 78: Asking for forgiveness

I would like to confess:

Ndikufuna ndiulule

(**to want:** kufuna; **to reveal:** kuulula)

I have damaged your car:

Ndawononga galimoto yanu

(**to damage:** kuononga; **car:** galimoto; **your:** yanu)

Please forgive <u>me</u>:

Mu<u>nd</u>ikhululukire (**to forgive:** kukhululukira)

I was wrong:

Ndinalakwa (**to do/be wrong:** kulakwa)

Forgive him/her:

Mukhululukire (**to forgive:** kukhululukira)

He is unkind:

Ali ndi mtima woipa (mtima woipa = bad heart)

You are unkind:

Uli ndi mtima woipa

Why did you do it?

Unapangilanji? (**to do:** kupanga)

I didn't know that things would end up like that:

Sindimadziwa kuti zinthu zitha motero

(**to know:** kudziwa; **that:** kuti; **things:** zinthu;

zitha: will end up/finish; **motero:** in that way)

I didn't know what I was doing:

Sindimadziwa chimene ndimachita

You've completely damaged my car:

Wawonongeratu galimoto yanga

You have really annoyed me:

Wandikwiyitsa kwambiri / Wandipsetsa mtima

I'm very sorry:

Pepani kwambiri

Lesson 79: Nursery school

Teacher: Aphunzitsi

Mary will arrive late today: Mere achedwa lero

Sit down: Khalani

Stop crying: Tonthola

I want my mum: Ndikufuna mayi anga

I am hungry: Ndili ndi njala

I want some water: Ndikufuna madzi

Here you go: Eko, landira (literally, *here, receive it*)

I feel hot: Ndikumva kutentha

I feel cold: Ndikumva kuzizira

I want to wee: Ndikufuna kukodza

An adult would probably use the euphemism ndikufuna kutaya madzi (to throw water away) as kukodza may be seen as too crude by some

I want to poo: Ndikufuna kubiba

Do you want to draw? Ukufuna kujambula?

No: Nono *or* ayi

It's time to sleep, sleep! Ndi nthawi yogona, gonani (pl.)!

Pen: Cholembera (literally, something to write with)

Textbook: Bukhu

Stand up: Imani

It's time to go home: Nthawi yoweluka yakwana

Lesson 80: Classroom (1) - getting to know the students

Keep quiet:

Khala chete (sing.) / Khalani chete (pl.)

Who knows how to speak English?

Ndani amatha chizungu?

Who knows how to draw?

Ndani amatha kujambula?

Who has ever been abroad?

Ndani anapitapo kunja?

Who walked to school today?

Ndani anayenda pansi pobwera ku sukulu lero?

Who came to school by bicycle today?

Ndani anakwera njinga pobwera ku sukulu?

Has anyone ever been to the Lake?

Alipo amene anapitapo ku Nyanja? (Literally, is there someone who has ever been to the Lake?

Did you all eat before you came to school?

Nonse munadya musanabwere ku sukulu?

Have you finished what I told you to do? (pl.)

Mwamaliza zimene ndinakuuzani kuti muchite?

Who did some housework before school?

Ndani anagwira ntchito za pakhomo asanabwere ku sukulu?

Lesson 81: Classroom (2) - tests and motivation

Why did you skip school yesterday?

> Chifukwa chiyani unajomba dzulo?

I was sick:

> Ndimadwala

I will give you a test next week:

> Ndikupatsani mayeso mulungu wa mawa

You have passed:

> Wakhoza

You have failed:

> Walephera

You have passed exceptionally well:

> Wakhoza bwino kwambiri

Did you cheat?

> Unabera? (sing.) (**to cheat:** kubera)

Tell me the truth:

> Tandiwuze zoona

You should work hard:

> Muzilimbikira (pl.)

If you want to have a successful future:

> Ngati mukufuna mudzakhale ndi moyo wabwino
>
> mtsogolo (moyo wabwino = good life)

We will work hard:

Tizilimbikira (**to work hard:** kulimbikira)

We must work hard:

Tizilimbikira (note the change in pronunciation)

You were making noise:

Mumalongolola (pl.)

You have to be punished to change:

Mupatsidwe chibalo kuti musinthe

Lesson 82: Clothes

Item of clothing (Clothes): Chovala (Zovala)

Shirt(s): Malaya / (Ma)shati

  Malaya is both singular and plural

Dress(es): (Ma)diresi

Blouse(s): (Ma)bulauzi

Shoe(s): Nsapato (singular and plural)

Slippers (flip-flops): Silipasi (singular and plural)

Jumper(s) / Jersey(s): (Ma)juzi

Sweater(s): (Ma)suwetala

Trousers: (Ma)thalauza; (ma)buluku

  Buluku and thalauza are singular in Chichewa

Shorts: Kabudula

Skirt(s): (Ma)siketi

Sock(s): (Ma)sokosi

Belt(s): (Ma)lamba

Hat(s): Chipewa (Zipewa)

Suit(s): (Ma)suti

Jacket(s), formal: (Ma)jekete

Jacket(s), casual: (Ma)sikumba

Petticoat(s): (Ma)pitikoti

Pants i.e. underwear: Panti

Lesson 83: Shopping

How much is this?

> Chinthuchi ndi ndalama zingati?

It's too expensive; that's a lot of money:

> Mwadulitsa udyo; ndi ndalama zambiri zimenezo

Can you reduce the price? Please reduce the price:

> Mutha kuchotsera mtengo? Chotseraniko

If I buy more will you reduce the price?

> Ndikagula zambiri muchotsera mtengo?

Are you making it dear because I'm white?

> Mukudulitsa chifukwa ndine mzungu? (the seller
> will be amused by the question)

I can't afford to pay so much:

> Mtengo umenewo sindingakwanitse (Literally, I
> can't manage this price; **to manage:** kukwanitsa)

What time do you close?

> Mumatseka nthawi yanji?

What time do you open?

> Mumatsegula nthawi yanji?

I will come back later:

> Ndibweranso nthawi ina

I need to get money from the bank:

> Ndikufuna ndikatenge ndalama ku banki

Lesson 84: Going to a funeral

John's father has died:

> Bambo a Joni amwalira

When did he die?

> Anamwalira liti?

The day before yesterday, I hear:

> Ndamva kuti dzana

When will the burial be?

> Maliro aika liti?

They are waiting for his children that live abroad:

> Akudikira ana awo amene amakhala kunja

It's sad/unfortunate:

> Zomvetsa chisoni

Yes, it is:

> Inde

What illness did he die of/from?

> Anamwalira ndi matenda anji?

"The illness of nowadays":

> Matenda amasiku ano omwewa.

Malawians love to give this evasive answer. It means they think it is HIV; sometimes this response is based on speculation rather than factual knowledge. When it comes to sex and sexually transmitted diseases most people prefer to discuss issues using idioms and euphemisms.

No one knows:

Palibe akudziwa

He complained of a painful chest:

Amadandaula kuti pa mtima pamapweteka

He had non-stop diarrhoea:

Amatsegula kwambiri (kwambiri = a lot)

He was often coughing:

Amatsokomola nthawi zambiri

Lesson 85: At the barber's or hairdresser's

I have come for a haircut:

Ndabwera kudzameta

My hair has grown too long:

Tsitsi langa latalikitsa

Please cut it more around the sides:

Mudule mbalimbali kwambiri

(But) Don't cut so much off the top:

(Koma) pamwamba musadule kwambiri

You should also shave my beard:

Mundimetenso ndevu

Can you wash my hair?

Mutha kundichapa tsitsi?

Can you braid my hair?

Mutha kundimanga tsitsi?

How long will it take?

Mutenga nthawi yayitali bwanji?

What style do you want?

Mukufuna sitayilo yanji?

I want single plaits:

Ndikufuna ma wani wani

I want twisted single plaits:

Ndikufuna ma twisti / Ndikufuna zopota

Lesson 86: At the market

I have come to buy relish (i.e. meat, veg etc.):

Ndabwera kudzagula ndiwo

Where do the tomato-sellers sit?

Ogulitsa matimati amakhala pati?

Where can I find the fishmonger?

Wogulitsa nsomba amakhala kuti?

How much are these vegetables?

Masamba<u>wa</u> ndi ndalama zingati? (wa = these)

What about if I add these green beans?

Nanga ndikawonjeza zithebazi?

Does anyone sell meat in <u>this</u> market?

Ogulitsa nyama amapezeka mu msika <u>uno</u>?

(Literally, is a seller of meat found in this market?)

That's enough:

Zakwana

Don't add any more:

Osawonjezanso

I am lost:

Ndasokera

Can you point me to the exit?

Mutha kundisonyeza kotulukira?

Can I bargain?

Nditha kunenelera?

Lesson 87: At a disco

We are at a disco:

> Tili ku disiko

Do you want to dance?

> Ukufuna kuvina?

Let's dance!

> Tiye tivine!

I don't know how to dance:

> Eeee, ine sinditha kuvina

I have never danced before:

> Sindinavinepo

Come on, give it a go anyway:

> Bwera, ungoyesabe

Just imitate me:

> Uzingonditsatira ineyo

Okay:

> Chabwino

Now that's what I call dancing!

> Koma nde umavinatu!

You really moved like I've never seen before:

> Unadzithyola moti sindinawoneponso

Where did you learn how to dance like that?

> Unaphunzira kuti kuvina choncho?

Lesson 88: At a fundraising run

We are running to raise money for...

Tikuthamanga kuti tisonkhetse ndalama...

...to help disabled people:

...zothandiza anthu olumala

...to help poor people:

...zothandiza anthu osauka

...to help old people:

...zothandiza anthu okalamba

When we raise the money...:

Tikasonkha ndalamazo...

...we're going to buy food and blankets:

...tikagula mabulangeti ndi zakudya

We'll distribute those things next week:

Tikagawa zinthuzo mulungu wa mawa

Do you also want to help raise/contribute funds?

Mukufuna kusonkha nawo

Take this paper:

Mutenge pepala iyi

Explain to people what we are doing...:

Muzilongosola kwa anthu zimene tikuchita...

...so that they can sponsor you:

...kuti akupatseni ndalama

Lesson 89: Outdoor activities (1) - starting off

Cars can't go beyond this point:

    Magalimoto sapitilira apa

We shall proceed on foot: Kwinaku tiyenda wa pansi;

    Kwinaku = the rest of the way.

I need two porters: Ndikufuna onyamula katundu awiri

We (also) need a guide: Tikufuna(nso) wotilondolera;

    wo<u>ti</u>londolera = someone to guide <u>us</u>

Take some rope: Tengani chingwe

Is this water good to drink?

    Madzi awa ndi abwino kumwa?

No, it's dirty: Ayi ndi akuda

Let's keep together: Tiziyenda limodzi

Don't spread out: Osabalalika ayi

Walk in single file: Yendani motsogozana

We should wait for each other: Tidikirane

We should stay in one place: Tikhale malo amodzi

Lesson 90: Outdoor activities (2) - chatting

Is this a forest reserve?

Kodi nkhalangoyi ndi yotetezedwa?

Yes, we are only allowed to kill hyenas:

Eya, amatilola kupha afisi okha

So, where are the wild animals?

Nyama zamuthengo muno ndiye zili kuti?

They like hiding during the day:

Zimakonda kubisala masana (masana = afternoon

on its own but in this context is 'during the day')

At night you find them all over the place:

Usiku zimapezeka paliponse

We'll find elephants by the water:

Tikapeza njovu kumadzi

Because it's extremely hot:

Chifukwa kwatentha udyo

I want to see some lions:

Ine ndikufuna kuona mikango

You won't see them at this time:

Sumuziona nthawi ngati ino / Siyingapezeka

nthawi ino

We should rather come back tonight (this evening):

Bola tibwerenso usiku uno (madzulo ano)

Lesson 91: Outdoor activities (3) - hurting yourself

I have hurt <u>myself</u>:

Nda<u>dzi</u>pweteka

My foot has started to swell up:

Phazi langa layamba kutupa

Go ahead. You'll find me here...:

Tsogolani. Mundipeza pompano...

...on your return:

...mukamabwerera

Give me a gun for safety:

Ndipatseni mfuti kuti ndidziteteze (ndi<u>dzi</u>teteze =

to protect <u>myself</u>)

No, we have to go back:

Ayi, tizibwerera

Can you carry me to the car?

Mukwanitsa ku<u>ndi</u>nyamula ku galimoto?

Mukwanitsa = will you manage; ndi = me

Where is the hospital?

Chipatala chili kuti?

Can you bandage my wound?

Mutha kumanga chilonda changachi?

I also need painkillers:

Ndikufunanso mankhwala ochepetsa ululu

Lesson 92: Looking for love...

I love you:

Ndima<u>ku</u>konda

I'd like to take you out to dinner

Ndikufuna nditakutenga ku dina

You have such smooth skin:

Uli ndi khungu losalala

Your smile lightens my heart:

Ukamasekerera mtima wanga umapepuka

I can't love another person…:

Sindingakondenso munthu wina…

…the way that I love you:

...m'mene ndimakukondera iweyo

Let's get married!

Tiye tikwatirane!

I want to be with you forever:

Ndikufuna kukhala nawe mpaka muyaya

You are my life:

Ndiwe moyo wanga

Promise you'll never leave me:

Nditsimikize siudzandisiya

What a beautiful girl/lady she is!

Koma nde ndi mkazi wokongola!

What a handsome man he is!

Koma nde ndi mwamuna wowoneka bwino!

I am married:

Ndine wokwatira (man says)

Ndine wokwatiwa (woman says)

I just want someone to chat/pass time with:

Ndikungofuna munthu wocheza naye

Lesson 93: At the police station: robbery

Police station:

Kupolisi

I have come to report a robbery at my house:

Ndabwera kudzanena kuti akuba anabwera

kunyumba kwanga

What time did they come?

Anabwera nthawi yanji?

Not long ago, not even an hour has passed:

Posachedwa pompa, ola limodzi silinathe

What did they steal?

Anaba chiyani?

They stole some clothes and a radio:

Aba zovala ndi wailesi

How many thieves were there?

Analipo akuba angati?

Did they hurt anyone?

Anapweteka munthu wina aliyense?

Did you see their faces?

Munaona nkhope zawo?

I have pictures of some of the things they stole:

Ndili ndi zithunzi za zinthu zingapo zimene aba

The doors were locked:

Zitseko zinali zokiya

…but they broke the locks:

…koma anaphwanya maloko

Do you have guards?

Muli ndi alonda?

How many workers do you have at the house?

Muli ndi antchito angati pakhomo?

Do you suspect anyone?

Alipo munthu amene mukumuganizira?

Lesson 94: At the police station: rape

You might find this lesson a little strange, however, it is designed to help any health workers that come to Malawi and happen upon a case of molestation.

This girl (boy) was raped:

> Mtsikana (mnyamata) uyu anagwiriridwa

This girl has been being abused for some time:

> Mtsikana uyu wakhala akugwiliridwa pa nthawi yayitali

Does she know the offender/abuser?

> Akudziwa munthu amene akumamupanga chipongwe?

Yes, it's the man of the house where she works:

> Eya, ndi bambo anyumba imene akugwira ntchito

How do you know she is telling the truth?

> Mukudziwa bwanji kuti akunena zoona?

I suspected something wasn't right:

> Zochitika pakhomopo zimandikayikitsa

...so I took her to the hospital for a check-up:

> ...nde ndinamutenga ku chipatala kuti akamuwone akamuwone: they should see <u>her</u> (there's no word for 'check-up' so you have to use kuona, to see)

They found contusions in her private parts:

> Anapeza kuti ali ndi mabala kokodzera

When I spoke to her, she revealed what's been happening to her:

> Nditalankhula naye anawulula zimene zimamuchitikira

Why didn't she run away?

> Bwanji sanathawe?

She doesn't have any money:

> Alibe ndalama ina iliyonse

She has nowhere to go and is poverty stricken:

> Alibe kopita, komanso umphawi (literally, she doesn't have somewhere to go but also poverty)

Lesson 95: Things you might hear at church

Let us pray: Tipemphere

The words of God: Mawu a Mulungu

The love of God: Chikondi cha Mulungu

My sins are many: Machimo anga ndiwochuluka

You should pray for me: Mundipempherere

The Lord is with you: Ambuye ali nanu

Song (Hymn): Nyimbo

Let's sing: Tiyimbe

Let's kneel down: Tigwade

Let's confess our sins: Tilape machimo athu

Blessings: Madalitso

Blessed: Odala

Mercy: Chifundo

Favour: Kukonderedwa

Announcements: Zolengeza

Close your eyes: Tsinzinani

Praise the Lord: Titamande Mulungu

In the name of the Father and of the Son and of the Holy spirit:

> M'dzina la Atate ndi la Mwana ndi la Mzimu Oyera

My prayers have been answered:

> Mapemphero anga ayankhidwa

Holy Mary, Mother of God:

> Maria Oyera Amayi a Mulungu

Pray for us sinners:

> Mutipempherere ife ochimwa

Lesson 96: At church

THE LORD'S PRAYER

Our Father who art in heaven:

> Atate athu muli kumwamba

Hallowed be thy name:

> Dzina lanu liyeretsedwe,

Thy kingdom come:

> Ufumu wanu udze,

Thy will be done:

> Kufuna kwanu kuchitidwe

On earth as it is in heaven:

> Monga kumwamba choncho pansi pano.

Give us this day our daily bread:

> Mutipatse ife lero chakudya chathu chalero,

And forgive us our trespasses:

> Mutikhululukire ife zochimwa zathu,

As we forgive those who trespass against us:

> Monga ifenso tiyakhululukira adani athu.

And lead us not into temptation:

> Musatisiye ife muchinyengo,

But deliver us from evil:

> Koma mutipulumutse ife kwa zoipa.

Amen:

> Ameni (*or* Ame)

CHURCH SONG: AYESU AKADZABWERA

Here the Chichewa comes before the English because we're
teaching a Chichewa song.

aYesu akadzabwera, ndidzamugwadira,

>When Jesus comes, I'll kneel for him

aYesu akadzabwera, ndidzamugwadira,

>When Jesus comes, I'll kneel for him

Ndidzamugwadira Yesu wanga, ndidzamugwadira,

>I'll kneel for my Jesus, I'll kneel for him

Ndidzamugwadira Yesu wanga, ndidzamugwadira,

>I'll kneel for my Jesus, I'll kneel for him

Anandigula ine, anandigula ine,

>He bought me, he bought me,

Anandigula ine, ndi mwazi ake.

>He bought me, with his blood!

The song can be repeated with other things that you intend
to do for Jesus when he comes. For example:

I'll dance for him: Ndidzamuvinira

I'll sing for him: Ndidzamuyimbira

Lesson 97: Talking to your house guard

I heard a noise, what was it?

Ndinamva phokoso, ndi chiyani?

I'm not expecting anyone…:

Sindikuyembekezera wina aliyense…

…so don't allow anyone through the gate:

…nde musalowetse munthu aliyense pa geti

Were you sleeping? Did thieves come?

Mumagona? Akuba anabwera?

No, a dog tipped the bin over:

Ayi, galu anagwetsa bini

Yes, someone jumped over the fence:

Eya, wina wake analumpha fensi

I caught him trying to break a lock:

Ndamupezelera akulimbana ndi loko

I have trussed <u>him</u> up tightly:

Nda<u>mu</u>mangilira dzolimba

Okay, I'll call the police:

Chabwino, ndikuyimbira apolisi

Okay, I'll take him to the police:

Chabwino, ndimutengela kupolisi

Be alert all the time!

Muzikhala acheru nthawi zonse

Lesson 98: Baking a banana cake

Today I'm going to make a banana cake:

Lero ndiphika keke la nthochi

I heat the oven before I start making the cake:

Ndimatenthetseratu uvuni ndisanayambe

kusakaniza chilichonse

What you need is…: Zofunika ndi…

…175g each of flour, castor sugar, butter:

…fulawa, shuga, bata - zonse muyeze 175g, 175g,

175g

…3 eggs and 3 or 4 ripe bananas and baking powder:

…mazira atatu, nthochi zakupsa kwambiri ndi

pawuda wofufumitsa

I mix: Ndimasakaniza

The butter and the sugar: bata ndi shuga

Then I add the eggs and the banana:

Kenako ndimawonjeza mazira ndi nthochi

Then finally the flour and the baking powder:

Kutsiriza ndi fulawa ndi pawuda wofufumitsa

When I finish I put it in the oven for 35 minutes:

Ndikamaliza kusakaniza ndimaika kekeyo mu

uvuni mpaka maminiti sate faifi (35)

Lesson 99: A wedding!

John's asked me to marry him:

> Joni wandifunsira ukwati

I've accepted his proposal:

> Ndamulola (literally, I have accepted him)

We're going to get married next year:

> Tikwatirana chaka cha mawa

Where will you buy your wedding dress?

> Diresi la chikwati ukagula kuti?

I'm going to buy it in Johannesburg :

> Ndikagula ku Joni

You have done well, my son/daughter:

> Wachita bwino mwana wanga

You have made us proud:

> Watichotsa manyazi
>
> This literally means you have taken away our embarrassment; parents normally say it at weddings. It's as though they were passing people with averted eyes at the shame that their children were unmarried but can now walk tall and proud.
>
> Yes, marriage is a big deal in Malawi!

Marriage is important:

> Banja ndi lofunikira

I don't want to marry him:

Sindikufuna kukwatiwa naye

But everyone is forcing me to accept his proposal:

Koma aliyense akundikakamiza kuti ndimulole

We found you a boy from a good family:

Takupezera mwamuna wa ku banja labwino

We found you a girl from a good family:

Takupezera mkazi wa ku banja labwino

To ulululate:

Kululutira (there's a lot of ulululation at Malawian weddings, a lot!)

Perekani:

Give (there's also a lot of giving at Malawian weddings, people throw money at the bride and groom in celebration)

Lesson 100: Having a baby

She is pregnant:

> Ali ndi mimba (Literally, she has a stomach)

She is expectant:

> Akuyembekezera

Of how many months?

> Ya miyezi ingnati?

Only five months:

> Miyezi faifi yokha

When is the baby due?

> Mwana abadwa liti?

Who's the father?

> Ndi mimba ya ndani?

She already has two kids:

> Ali ndi ana awiri kale

The baby is born:

> Mwana wabadwa

This is a beautiful baby; what a pleasant child!

> Ndi mwana okongola; koma nde ndi mwana
> osangalatsa

Who does she look like?

> Akufanana ndi ndani?

He/she looks like the mother:

> Akufanana ndi mayi akc

Lesson 101: At a football match

Do you play football?

Umasewera mpira?

I don't know how to play football:

Sindimatha kusewera mpira

I used to play a long time ago but I stopped:

Ndimasewera kalekale koma ndinasiya

Yes, I am an expert football player:

Eya, ndine katswiri wa mpira

We are going to a football match:

Tikupita ku mpira

Do you want to come?

Ukufuna kubwera nawo?

I'll meet you at the stadium straight after work:

Ndikumana nanu ku sitediyamu konko

ndikaweruka kuntchito

Bata Bullets has scored a goal:

Bata Bullets agoletsa / achinya chigoli

Bata Bullets has won the game:

Bata Bullets apambana

When the football is over we're going out for some beer:

Mpira ukatha tikupita ku mowa

End note: Chichewanization & unique words

CHICHEWANIZATION

There are some words for which everyone appears to use the Chichewanized version of the English. So much so that I didn't even know these words existed before I started teaching my husband how to speak Chichewa!

Numbers

After the number 5, Malawians rarely use Chichewa words.

Breakfast

Kadzutsa is the proper word but everyone says **bulekifasti**. You could also say "chakudya cha m'mawa" literally, "food of the morning".

Lunch

Nkhomaliro is the proper word but everyone says **lanchi**. You could also say "chakudya cha masana" literally, "food of the afternoon".

Dinner

Mgonero is the proper word but everyone in town says **dina**. You might hear mgonero in villages.

You could also say "chakudya cha madzulo" literally, "food

of the evening".

Bed

Kama is the proper word but everyone says **bedi**. At any rate, both are borrowed words from the Portuguese, *cama* and the English, *bed*.

Telephone

Lamya is the proper word but everyone says **telefoni** *or* **foni**.

WORDS UNIQUE TO CHICHEWA

When you are bilingual or multilingual, it's very curious how you can enjoy jokes in one language but if translated into another language the joke loses its humour. Indeed, all languages have words that simply do not have an exact translation in another language. In this lesson I want to summarize a few words that we have in Chichewa but that simply do not exist in English.

Wakhwana

This can be said to you when you've done something extremely annoying or great. Even with my wide vocabulary I struggle to translate it into English!

Manthongo

This is a relatively common word in Chichewa. It's that crusty stuff that you find in your eyes on some mornings. It's a word seldom used in English; people might call it "sleep" or more formally, rheum.

Kuphula

Is to take food off a stove or fire, there isn't a single word for this in English, e.g. phula nyama means take the meat off the hob or fire.

Ndipo

Said when you agree with someone. The closest word to it is "indeed" but it means more than that. It's like "indeed, I am in total agreement with you". It can also mean, "by the way".

Sharp! *or* sharpuda!

This is slang for hello. I guess "what's up" is the closest translation but it has slightly different connotations.

Kukodola

The word actually describes the act of sliding your forefinger or middle finger across someone's arm and can be used in the context of tapping someone or even plucking the strings of a guitar.

There is no exact translation in English, to tap or to pluck is the closest.

Kuweruka

Is to knock off school or work; to call it a day. To knock off work is the closest translation in English but in English you would not use the expression with reference to ending one's school day whereas you can in Chichewa.

If you're interested in how Chichewa has changed in the recent past, read *Language and Societal Attitudes: A Study of Malawi's 'New Language'* by Dr Francis Moto.[7]

Thanks for finishing the Chichewa 101 Series of Lessons! To reinforce your learning **test yourself** (see chichewa101.com for test papers) and **go over lessons again**. To ensure you don't forget your learning, **practice**.

The Chichewa Dictionary

(v) = verb, (n) = noun, (adj) = adjective.

In most instances, the verbs provided can be used as commands by removing the letters "ku" at the beginning. e.g. **kubwera:** to come, and **bwera:** come! (singular). Just add "ni" to make it plural/respectful i.e. **bwera<u>ni</u>**.

There are a few exceptions, where a word cannot be used as it is. In this case "prefix needed" has been added as a note. e.g. **imwa:** drink, **idya:** eat; the verb forms remove the "i" i.e. **kumwa:** to drink (*not* kuimwa), **kudya:** to die (*not* kuidya).

Where you see two Chichewa words provided for one English word, it does not mean they are exactly interchangeable. Usually, depending on the context, it makes more sense to use one rather than the other. That said, some words can be used interchangeably.

Many words which are adjectives in English are verbs in Chichewa, and so have the prefix wo- or o-, e.g. madzi ochepa (a little water), tiyi wotentha (hot tea), munthu wokongola (a beautiful person), galu woopsa (a scary dog), mwamuna wonenepa (a fat man)

Words presented with a dash before them need to be used with a prefix. Words with a dash after them need a suffix.

Adjectives: there are four *main* types of adjectival prefixes according to the type of word: e.g. nkhuku **zi-**ngapo (several chickens), nkhuku **zo-**yamba (the first (group of) chickens), nkhuku **za-**chikuda (road runner chicken), nkhuku **za-zi-**kulu (big chickens).

However, certain words, such as munthu and galu, are associated with a larger class of prefixes. In the examples below, hyphens have been added to distinguish the prefix from the stem, the hyphens aren't usually there.

- **wa-:** munthu wa-mphamvu (a strong person), galu wa-nga (my dog), apozi wa-bwino (a nice apple), tiyi wa-mbiri (a lot of tea)

- **wo-:** munthu wo-ipa (a bad person), galu wo-yamba (the first dog)

- **m(u)-:** munthu m-modzi (one person), apozi mu-wiri (two apples), tomato m-ngati? (how many tomatoes?), anyezi m-ngapo (several onions)

- **wa-m(u)-:** munthu wa-m-tali (a tall person), galu wa-m-kulu (a big dog), apozi wa-mu-wisi (a raw apple)

- **ye-:** munthu ye-nse (a whole person), galu ye-kha (only the dog), apozi ye-mwe-yo (the same apple)

- **w-:** munthu w-ina (another person), galu w-eni w-eni (a real dog)

- **u-:** munthu u-ja (that person), galu u-yu (this dog), Julayi u-no (this July), munthu u-ti? (which person?)

This class also has two verb prefixes:

- **a-:** munthu a-ona (a person will see), galu a-li-ye-nse (any dog)

- **wa-:** munthu wa-pita (a person has gone), galu wa-fa (the dog has died), apozi wa-ti-thera (we have run out of apples)

A

a little (can't be applied to people): pang'ono, e.g. **I want a little milk:** ndikufuna mkaka (wa) pang'ono

abandon (v): kusiya, e.g. **he abandoned his wife:** anasiya akazi ake

able (can) (v): kutha, e.g. **I am able to dance i.e. I can dance:** ndimatha kuvina

about/around (of time): cha ma, e.g. **about 6:** cha ma sikisi

above: pamwamba, e.g. **put it above that box:** ika pamwamba pa bokosi ilo

abroad: kunja

absent (v): kujomba e.g. **he/she is absent:** wajomba (literally means the person has skipped work or school)

accept (v): kulola *or* –vomera, e.g. **accept that you are wrong:** lola kuti walakwa *or* vomera kuti walakwa

accident(s): ngozi (singular and plural)

accompany (v): kutsagana, kuperekeza (more common), e.g **they accompanied each other / they went together:** anatsagana; **I will accompany you:** ndikuperekeza

accused: wolakwa; woyimbidwa mlandu

ache (v): kuwawa; -pweteka, e.g. **my back is aching:** msana ukuwawa *or* msana ukupweteka

across the way: patsidyapo, e.g. **he/she lives across the way:** amakhala patisidyapo

add (as in top up) (v): kuonjeza, -onjeza, kuphatikiza, e.g. if someone was packing a bag of fruit for you and you wanted more mango, you would say "onjeza mango"

add a lot more (command): chulukitsani

advise (v): kulangiza

aeroplane: ndege (singular and plural)

affair, to have an affair with (v): kunyengana ndi

afford, i.e. I can't afford it: ndilibe ndalama zokwana (literally, I don't have enough money)

afraid, to be (v): kuopa

after: -ta-, requires an adjustment of the verb. Use the stem of the verb and the future prefix. e.g. **to eat:** kudya; the stem is -dya. **After I had eaten:** ndi<u>ta</u>dya; **after they had eaten:** a<u>ta</u>dya (see the 'Summary on conjugating verbs' at the back for the future tense's prefix)

afternoon: masana

ago: kwapita e.g. **two years ago:** kwapita zaka ziwiri

agree (v): kuvomera

agree i.e. to be in agreement (v): kugwirizana

ahead / in front: patsogolo; kutsogolo

AIDS: Edzi

air: mpweya, e.g. **I need air:** ndikufuna mpweya

airport: eyapoti; bwalo la ndege

alert (v): kudziwitsa

alert, i.e. to be alert (v): kukhala wacheru

alive: ndi moyo, e.g. **he's alive:** ali ndi moyo

all: onse, e.g. **all people:** anthu onse

allow (v): kulola; **not allow/let:** kukaniza, e.g. **my dad didn't allow me to go to the disco:** bambo anga anandikaniza kupita kudisiko

almost: -tsala pang'ono, e.g. **I am almost finished:** ndatsala pang'ono kumaliza; **the match is almost over:** mpira watsala pang'ono kutha

alone: examples, **I am alone:** ndili ndekha; **she/he is alone:** ali yekha; **they are alone:** ali okha

already: kale, e.g. **I have already eaten:** ndadya kale

also (or too): -nso e.g. **me also / me too:** inenso; **you also /**

me too: iwenso; **us also / us too:** ifenso

always: nthawi zonse

ambulance: ambulansi

am/is/are: ndili/ndine, see Lesson 27 for usage. e.g. **I am a teacher:** ndine mphunzitsi

amen: ameni

America: Amerika

amount to / to add up to (adj): kukwana (also, to be enough), e.g. **it amounts to 60:** zakwana sikisite

amuse (v): kusangalatsa

and: ndi

angry: kukwiya

animal(s): nyama (can be singular or plural) e.g. **wild animals:** nyama zakuthengo

announce (v): kulengeza

announcements: zolengeza

another: -ina e.g. **another person:** munthu wina, **another thing:** chinthu china; **other things:** zinthu zina

answer (v): kuyankha

ant(s): nyerere (both singular and plural)

anxiety: nkhawa, e.g. **I am anxious:** ndili ndi nkhawa

anyone: aliyense

anything: chilichonse

anywhere: paliponse, e.g. **sit anywhere:** khala paliponse

apologise (v): kupepesa

appear (v): kuoneka, e.g. **it appears:** zikuoneka ngati; **it appears he works in Blantyre:** zikuoneka ngati amagwira ntchito ku Blantyre

apple(s): apozi (singular and plural)

appropriate, to be: kuyenera

April: Epulo

area: dera

argue (v): kukangana

army: asilikali (literally, soldiers)

around (the sides): mbalimbali

arrive (v): kufika

ashes: phulusa

ask (v): kufunsa

ask out (v): kufunsira (i.e. for dating only)

assist (v): kuthandiza

assure (v): kutsimikiza

aubergine(s): (ma)biringanya

August: Ogasti

aunt: anti, zakhali

avocado(s): (ma)peyala

avoid / prevent (v): kupewa, e.g. **avoid illness:** pewani matenda

B

baboon(s): (a)nyani

baby / child (children): mwana (ana); to emphasize that it's a baby you can say mwana wa khanda and mwana wamng'ono for a toddler

back (body part): msana (pl. misana); kumbuyo

backside (rounded): mbina

backwards: m'mbuyo; cham'mbuyo

bad: -oipa, e.g. **a bad person:** munthu oipa; **a bad/rotten mango:** mango loipa

bad luck / unlucky: tsoka e.g. **that boy is unlucky:** mnyamata uja ndi wa tsoka

bag (bags): thumba (matumba) *or* chikwama (zikwama), e.g. **a bag of cement:** thumba la simenti; **my suitcase or handbag is lost:** chikwama changa cha sowa

baking powder: ufa wofufumitsa

ball (balls): mpira (mipira); mpira also means 'football' (the game)

bamboo: nsungwi

banana(s): nthochi (singular and plural)

bandage (v): bandeji

bandage (v): kumanga chilonda; kumanga bala

bandit (bandits): wachifwamba (achifwamba)

bank (for money): banki

baobab tree (trees): mlambe (milambe)

bargain (v): kunenelera

basket(s): (ma)dengu

bath towel: bafa tawulo

bath (v): kusamba, e.g. **I am going to bath:** ndikukasamba

beans: nyemba

bear children (v): kubala, e.g. **she gave birth to a child:** anabala mwana

bear on one's back (v): kubereka, e.g. **she bore/put a child on her back:** anabereka mwana

bear pain (v): kupilira

beard: ndevu (plural in Chichewa)

beast(s): chilombo (zilombo)

beat (v): kumenya

beautiful (adj): wokongola; -kongola e.g. **a beautiful**

person: munthu wokongola

because: chifukwa

bed sheet (bed sheets): nsalu yofunda; shitibedi (nsalu zofunda; mashitibedi)

bed(s): (ma)bedi

bedroom (bedrooms): chipinda (zipinda)

bee(s): njuchi

beef: nyama ya ng'ombe

beer: mowa (singular and plural)

before: -sana-, requires an adjustment of the verb. Use the stem of the verb and the future prefix and change the verb's last letter 'a' to an 'e'. e.g. **to eat:** kudya; the stem is -dya. **Before I eat:** ndi<u>sana</u>dye; **before they eat:** a<u>sana</u>dye (see the 'Summary on conjugating verbs' at the back for the future tense's prefix)

beg (v) or as in 'ask for' something: kupempha

begin (v): kuyamba

behaviour: khalidwe (sing.); makhalidwe (pl.)

behind: kumbuyo, pambuyo, e.g. **walk behind me:** yenda kumbuyo kwanga *or* yenda pambuyo panga (synonymous)

believe (v): kukhulupirira

bell(s): (ma)belu

belly button: mchombo

belly: mimba

belt(s): (ma)lamba e.g. **my belt:** lamba wanga

bend (v): kupinda

bend over (v): kuwerama

between: pakati pa

beware of (v): chenjerani, e.g. **beware of the dogs:** chenjerani ndi agalu (you will frequently see this on people's gates!)

bicycle: njinga (singular and plural)

big: -kulu, e.g. **big dog:** galu wamkulu, **big house:** nyumba yaikulu

bin(s): (ma)bini

bind together (v): kumanga; kulumikiza

birth, to give birth (v): kubereka

biscuit(s): (ma)bisiketi

bite (v): kuluma

bitter *or* **sour, i.e. to taste bitter/sour (v):** kuwawa, e.g. **it tastes bitter:** zikuwawa; also refers to foods like pepper

black: -kuda, e.g. **a black bag:** chikwama chakuda

blanket(s): (ma)bulangeti

blessed: wodalitsidwa / wodala

blessings: madalitso

blood: magazi

blouse(s): (ma)bulauzi

blow (v): kupepelera

blue: bulu

board (v): kukwera (i.e. to climb aboard)

boat(s): (ma)boti *or* (ma)bwato

body (bodies): thupi (matupi)

boil: kuwira, e.g. **the water is boling:** madzi akuwira

book(s): (ma)buku

border *or* **limit:** malire

born (v): kubadwa

borrow/lend (v): kubwereka; in Chichewa the root of the word for borrowing or lending is the same but usage is

differs, e.g. **he/she borrowed money from him:**
anabwereka ndalama kwa iye vs. **she lent <u>him/her</u> money:**
ana<u>mu</u>bwereka ndalama

bother (someone) (v): kuvutitsa

bother, to be a bother (v): kuvuta (i.e. to be a problem)

boy (boys): mnyamata (anyamata)

braid (v): kumanga tsitsi (literally, to tie hair)

bread: buledi

break (v): kuphwanya; kuswa; kusweka; kuthyola (sounds like chola); kuthyoka (sounds like choka) – these words are not entirely interchangeable, depending on the context it makes more sense to use one rather than the other. Use kuphwanya when something has been smashed to pieces e.g. **He/she has broken the glass:** Waphwanya/ waswanya galasi; kuswa is somewhat similar to kuphwanya. Use kuthyoka for a context where something is broken into two e.g. **He/she broke his/her leg:** Wathyoka mwendo. Note that to break a leg is not kuthyola mwendo (unless you break someone else's leg) but kuthyoka mwendo

breakfast: bulekifasti

breastfeed (v): kuyamwitsa

breast(s): (ma)bere

bridge: mlatho, ulalo; you may also hear 'buliji'

bright (v): kuwala, e.g. **the light is bright:** getsi likuwala

bring (v): kubweretsa

brother (brothers): mchimwene / achimwene (respectful), (azichimwene)

brother-in-law: mlamu; alamu (more respectful); also means sister-in-law

brush up against (v): kukhudza

buffalo: njati (singular and plural)

build (v): kumanga

bullet (bullets): chipolopolo (zipolopolo)

burial: maliro

burn (v): kuotcha

bus(es): (ma)basi

busfare: (ndalama ya) thiransipoti

bush: thengo, tchire

but: koma

butter: bata

buttock (buttocks): thako (matako)

buy (v): kugula

by: pa, pafupi (near) e.g. **I am by the big house:** ndili pa nyumba yaikulu; **I am by/near the bus:** ndili pafupi ndi basi; **come by bus:** ubwere pa basi

C

cabbage(s): kabichi (singular and plural)

cake(s): (ma)keke

call (v): kuitana

can: -nga-, requires an adjustment of the verb. Use the stem of the verb and the future prefix and change the verb's last letter 'a' to an 'e'. e.g. **to eat:** kudya; the stem is -dya. **I can eat:** ndi<u>nga</u>dye *or* ndingathe kudya; **they can eat:** a<u>nga</u>dye *or* angathe kudya (see the 'Summary on conjugating verbs' at the back for the future tense's prefix); **to be able:** -khoza, e.g. **I can eat:** ndikhoza kudya

canoe: bwato; ngalawa (less common)

car(s): (ma)galimoto

carefully: bwinobwino

carrot(s): (ma)kaloti

carry (v): kunyamula

carvings, curios: ziboliboli (pl.), chiboliboli (sing.)

cash: ndalama

cassava: chinangwa

cat(s): (a)mphaka

catch (v): kuwakha, kutenga, e.g. **I caught the ball:** ndinawakha mpira. To use kuwakha, something has to be thrown. **She caught AIDS from her husband:** anatenga EDZI kwa amuna ake

cease (v): kuleka

chair (chairs): mpando (mipando)

chance: mpata, e.g. **give me a chance (i.e. opportunity) to speak:** mundipatse mpata woyankula

change (v): kusintha

chat (v): kucheza

cheat in an exam (v): kubera, e.g. **he/she was cheating:** amabera

cheek (cheeks): tsaya (masaya)

chest: mtima

chew (v): kutafuna

chicken: nkhuku (singular and plural)

chief (chiefs): mfumu (mafumu); the respectful singular is amfumu

child (children): mwana (ana)

chill (v): kuziziritsa, e.g. **chill the beers:** ziziritsa mowa (sing.); ziziritsani mowa (pl.)

chilli: tsabola

choir(s): (ma)kwaya

choose (v): kusankha

church(es): (ma)tchalitchi

city (cities): tauni (matauni)

clap hands (v): kuomba m'manja

clean (adj): -yera, also means 'white' e.g. **these clothes are clean:** malaya awa ndi oyera

clean (v): kukonza; -kilina (kilina is obviously the Chichewanized version of the English, however, it is frequently used. '-chapa' literally means wash rather than clean)

clerk(s): (ma)kalaliki

climb (v): kukwera

close (v): kutseka; **close (as in near):** pafupi

closed: -tseka, e.g. **the store's closed:** sitolo ndi yotseka

cloth(es) i.e. patch(es) of: chigamba (zigamba)

cloth: nsalu (singular and plural)

clothing (clothes): (chovala) zovala

coach(es) i.e. bus(es): (ma)kochi

coffee: khofi

cold, to be: kuzizira, e.g. **I feel cold:** ndikumva kuzizira; **it is cold:** kukuzizira; **cold water:** madzi ozizira

cold/flu: chimfine

collect (v): kutenga

collect money (v): kutolera ndalama, e.g. **he/she is collecting money:** akutolera ndalama

comb: chipeso

come (v): kubwera

come down / descend (v): kutsika

command / order (v): kulamula

companion / friend: mnzanga (my friend) mnzako (your friend); see Lesson 13

complain (v): kudandaula (literally, to worry, frequently used with reference to medical complaints), 'to complain' in the negative English sense (e.g. she complains a lot) doesn't really exist as a word in Chichewa

confess (v) i.e. to reveal: kuulula; **confess sins (v):** kulapa

continue (v): kupitirira, e.g. **we continued our journey:**

tinapitiriza ulendo wathu

contribute (money) (v): kusonkha; kupereka

contusion(s) / sore(s): (ma)bala

cook (v): kuphika

cooked, to become cooked (i.e. ready to eat): kupsa, e.g.
the food is cooked/ready: chakudya chapsa

cooker: kuka; pophikira

cooking oil: mafuta ophikira

cost: mtengo

couch (couches): mpando (mipando)

cough (n): chifuwa, e.g. **he/she has a cough:** ali ndi
chifuwa

cough (v): kutsokomola, e.g. **he/she is coughing:**
akutsokomola

count (v): kuwerengela

country (countries): dziko (mayiko)

cousin: msuwani; khazeni

cover (v): kufunda; kuphimba; kuvindikira; kufunda is used
with reference to covering oneself with a blanket on a bed;
you can't use it if you're talking about covering a face or a

pot, it implicitly assumes covering up a body in a blanket or some other cloth.

cow(s) *or* **ox(en):** ng'ombe (singular and plural)

crawl (v): kukwawa

crocodile: ng'ona (singular and plural)

cross (adj.): -kwiya, e.g. **she's cross with you:** wakwiya nawe

cross (v): kuoloka

cross (n): mtanda

cry (v): kulira

cucumber (cucumbers): mnkhaka (minkhaka)

cup(s): (ma)kapu

cupboard(s): (ma)kabati

cut (v): kudula; kucheka

cut hair (v): kumeta

D

dad: dadi; bambo, e.g. **my dad:** bambo anga

daily: masiku onse; tsiku lililonse

dam(s): (ma)damu

dance (n): dansi, e.g. **I am going to a dance:** ndikupita ku dansi

dance (v): kuvina

dark (also, black / dirty) (adj): (-)kuda e.g. **it's starting to get dark:** kwayamba kuda; **it's (gotten) dark:** kwada; **dirty clothes:** zovala zakuda

daughter: mwana wamkazi (literally, female child)

dawn / daybreak: -cha, e.g. **it's dawn/the sun has risen:** kwacha. The sun has to have come out for one to say kwacha; we don't have drastic changes in the length of the day in Malawi across winter and summer so this works fine. However, if you live in the UK or any other region where winter days are very short you really couldn't say kwacha until daylight starts seeping through! I hesitate to call it 'sunlight'.

day (days): tsiku (masiku)

day after tomorrow: mkucha

day before yesterday: dzana

dead: wakufa (sing.); akufa (pl.)

deaf (n): gonthi (sing.), agonthi (pl.); wogontha (adj), e.g.
he/she is a deaf person: ndi munthu wogontha

dear (expensive): -dula, e.g. **expensive house:** nyumba
yodula; **it's expensive:** ndi chodula; **it's too expensive:**
chadulitsa; **they're expensive:** ndizodula, **these clothes are
expensive:** zovala izi ndi zodula

death: imfa

deceive (v): kunyenga (also means to have an affair)

December: Disembala

decide (v): kuganiza; kuganizira (literally, 'thinking' *or*
'thinking about'), e.g. **he/she decided to go to the disco:**
aganiza zopita ku disiko

delay (v): kuchedwetsa, e.g. **you are delaying us:**
ukutichedwetsa; **we were delayed:** tinacheredwa

deliver a baby (v): kubereketsa

deny /refuse (v): kukana

depart (v): kunyamuka

dependable: wodalirika

descend (v): kutsika

desire (v): kulakalaka

destroy / spoil (v): kuononga

detour (v): kukhotera

diarrhoea (n): use the verb 'kutsegula m'mimba', to have diarrhoea

diarrhoea: kutsegula m'mimba

die (v): kufa, e.g. **the dog died:** galu anafa

difficult, be (adj): wovuta, -vuta, e.g. **things are difficult:** zinthu zikuvuta; **women are difficult:** akazi ndi ovuta; **a difficult person:** munthu wovuta

dig (v): kukumba

dinner: dina

dirty: -kuda, e.g. **it's dirty:** ndi chakuda

disabled: -punduka; -lumala, e.g. **he/she is disabled (lame):** ndi wopunduka / ndi wolumala

discipline: khalidwe, better translated as behaviour but depending on the context can mean discipline e.g. **he/she ill- discipline/badly behaved:** alibe khalidwe

disclose (v): kuulula

disco: disiko

disease: matenda (pl.); nthenda (sing.) - you can use matenda in every circumstance though (singular or plural) so it is better to use that. Nthenda can only be used in very specific circumstances.

dishonest (adj): wopanda chilungamo (i.e. to lack honesty)

distance(s): mtunda (mitunda)

distribute / share (v): kugawa

district(s): (ma)dera

divide (v): kugawa

dizziness: chizungulire

dizzy, to be (v): kupanga chizungulire

do (v): kuchita

do/be wrong (v): kulakwa

doctor(s): (m)adokotala; (m)adotolo

dog(s): (a)galu

door (doors): chitseko (zitseko)

doubt (v): kukayika

down: pansi, e.g. **sit down:** khalani pansi; **put it down:** ikani pansi

drag (v): kukoka

draw (v): kujambula, e.g. **draw a picture / take a photo:** jambula chithunzi

drawer(s): (ma)dirowa

dress in / put on clothes (v): kuvala

dress(es): (ma)diresi

drink (v): kumwa, e.g. **he/she/it is or they are drinking water:** akumwa madzi

drive (v): kuyendetsa

driver(s): (ma)dalaiva

drop someone off (v): kutula

drown (v): kumira

drum(s): ng'oma (singular and plural)

drunk (v): woledzera; **to get drunk:** kuledzera

dry (adj.): -ouma, e.g. **dried fish:** nsomba zouma; **dry grass:** udzu wouma

duck(s): (a)bakha

duiker(s), a type of small antelope: gwape (agwape)

dust (i.e. dirt): fumbi; **dust (i.e. to wipe) (v):** kupuputa

E

eagle i.e. fish-eagle: nkhwazi

ear (ears): khutu (makutu)

early, to wake up: kulawirira, e.g. **I woke up early today:** ndinalawilira lero

early: mwamsanga, e.g. **arrive early:** mubwere mwamsanga

earth: dziko la pansi (i.e. the world); dothi (i.e. soil)

east: kummawa; kumvuma (less common)

eat (v): kudya; **eat (command):**idya (sing.); idyani (pl.)

edge: mphepete

egg (eggs): dzira (mazira)

egg plant(s): (ma)biringanya

elephant(s): njovu (singular and plural)

embarrassment (adj): manyazi / kuyaluka

enemy (enemies): mdani (adani)

England: Mangalande

English (the language): Chizungu

enjoy i.e. to enjoy oneself: kusangalala

enough: -kwana / -kwanira (also, to amount to), e.g. **the money is enough:** ndalama zakwana; **that's enough:** zakwana; **enough time:** nthawi yokwana/yokwanira

enter (v): kulowa

escape (v): kupulumuka

especially: makamaka

evening: madzulo

every: ili -onse, e.g. **every cup:** kapu ili yonse

everyone: aliyense; **everything:** chili chonse

everywhere: kulikonse, kwina kulikonse, e.g. **I have looked everywhere:** ndayangana kwina kulikonse

evil / bad: -ipa, e.g. **bad things:** zoipa; **bad thing:** choipa

exaggerate (v): kuonjeza

exceed (v): kuposa; kupitilira

excel (v): kupambana

excessively: udyo; mowonjeza

exchange (v): kusinthana

excuse me: odi

exit: potulukira

expect /wait for (v): kuyembekezera

expensive: -dula, e.g. **it's expensive:** ndichodula; **they're expensive:** ndizodula

expert(s): (a)katswiri

explain (v): kufotokoza, kulongosola

eye (eyes): diso (maso)

F

face (faces): nkhope (singular and plural), e.g. **my face:** nkhope yanga; **their faces:** nkhope zawo

fail (v): kulephera (slang: kupala)

faint (v): kukomoka

faithful / loyal (adj): wokhulupirika e.g. **he/she is faithful:** ndi wokhulupirika

fall (v): kugwa

family / marriage: banja; used differently to the English word e.g. a child would not say banja langa (my family) because the phrase refers to a marriage setting; so what would a child say for 'my family'?They wouldn't. They might say, **my parents:** makolo anga *or* **the people of my house:** anthu akwathu

far: kutali

farm (v): kuweta (for livestock); kulima (for vegetables). In Chichewa you would say 'amaweta ng'ombe' which literally translates to 'he farms cows' but is better translated as 'he keeps cows on his farm'.

farm (farms): munda (minda)

farmer (farmers): mlimi (alimi)

fast: mwamsanga; **he was driving fast:** amathamanga

fasten (v): kumanga

fat / oil: mafuta

fat (adj): wonenepa; -nenepa, e.g. **a fat man:** mwamuna wonenepa

father: bambo, e.g. **my father:** bambo anga

Father (i.e. God): Atate

father-in-law: apongozi (aamuna)

favour i.e. can you do me a favour? mutha kundipangira chinthu? (i.e. can you do something for me); **favoured:** wokonderedwa

fear (v): kuopa

February: Febuwale

feel (v): kumva (kumva also means 'to hear' and 'to listen' depending on the context, so 'I feel cold' is ndikumva kuzizira. 'I am hearing' *or* 'I hear' is ndikumva)

female: -mkazi, e.g. **a female cat:** mphaka wamkazi

fence(s): mpanda; fensi (mipanda; mafensi)

ferocity: ukali

fetch (v): kutenga

fever: thupi likuthentha (literally, the body is hot)

few: -chepa, **a few:** -ngapo, e.g. **there are few people at the wedding:** kuli anthu ochepa ku chikwati; **a few weeks ago:** sabata zingapo zapitazo; **a few kilometres:** makilomita angapo; makilomita ochepa

fierce: -ukali e.g. **this dog is fierce:** galu uyu ndi waukali

fight (n): ndewu

fight (v): kumenyana

fill (v): kudzadzitsa

finally: kotsirizira (from **to finish:** kutsiriza)

find (v): kupeza; **find out / investigate (v):** kufufuza

finger(s): chala (zala)

fingernail (fingernails): chikhadabo (zikhadabo)

finish (v): kumaliza; kutsiriza, e.g. **I haven't finished:** sindinamalize

fire(s): moto (singular and plural)

fire a gun (v): kuombera

firm / hard: -limba, e.g. **the porridge has firmed up / hardened:** phala lalimba; **firm nsima:** nsima yolimba

first: -yamba e.g. **I am the first born:** Ndine woyamba kubadwa

fish (v): kuwedza

fish: nsomba (singular and plural)

fish-eagle: nkhwazi

fishmonger: wogulitsa nsomba (literally, seller of fish)

fit (v): kukwana, e.g. **it doesn't fit:** sichikukwana

fix (v): kukonza

flee (v): kuthawa

flight: no exact word; you'd use the word 'ndege', plane

flour (especially flour for nsima): ufa

flower (flowers): duwa (maluwa)

flu / cold: chimfine

fly (n) (as in 'housefly'): ntchentche

fly (v): kuuluka

fold (v): kupinda

follow (v): kutsatira, kulondola, kutsata

food: chakudya (sing.) zakudya (pl.)

foolish (adj): wopusa

foot (feet): phazi (mapazi)

football (footballs): mpira (mipira); also just means 'ball'

force (v): kukakamiza, e.g. **he/she forced me:** anandikakamiza

foreigner (foreigners): mlendo (alendo), literally, guest; mzungu (azungu), literally white person

forest: nkhalango

forever: mpaka muyaya

forget (v): kuyiwala

forgive (v): kukhululukira

fork(s): (ma)foloko

forwards: mtsogolo

found, i.e. to be found: kupezeka, e.g. **can a tomato seller be found in this market?** Wogulitsa matimati amapezeka mu msika uno?

France: Faransa

freedom: ufulu

frequently: pafupipafupi

fresh *or* **raw:** -wisi, e.g. **a raw mango:** mango aawisi; **raw things:** zinthu zaziwisi

Friday: Lachisanu; Flaide

fridge(s): (ma)firiji

friend: bwenzi, e.g. **my friend:** bwenzi langa; mnzanga; see Lesson 13 on 'Friends', it is not as simple as in English

frighten *or* **scare (v):** kuopsetsa

frog (frogs): chule (achule)

from: kuchokera ku

front: -tsogolo, e.g. **it's in front:** chili kutsogolo; **front seat:** mpando wakutsogolo; **walk in front of me:** yenda kutsogolo kwanga

fruit (fruits): chipatso (zipatso)

fry (v): kukazinga

frying pan(s): (ma)selempani; (ma)felempani

fuel: mafuta (literally, oil)

full i.e. having eaten enough: kukhuta e.g. **I am full:** ndakhuta

full i.e. the opposite of empty: -dzadza, e.g. **the cup is full:** kapu yadzadza

future: kutsogolo; mtsogolo (actually means 'in front' but in the appropriate context will mean future e.g. **I'll buy a car in the future:** ndidzagula galimoto kutsogolo)

G

games / sports: masewero, masewero is often used in the singular sense e.g. **football game:** masewero a mpira

gap: mpata (also means chance or opportunity), e.g. **you left a gap in the fence:** mwasiya mpata mu fensi

garden: gadeni; munda (actually means farm)

gardener: gadeni boyi (they are usually male!)

gate: geti; khomo la mpanda

gather (i.e. to appear): zikuoneka kuti e.g. **I gather he's passed away:** zikuoneka kuti wamwalira

gather i.e. meet up (v): kusonkhana

generous (adj): wopatsa

gentleman (gentlemen): bambo (azibambo)

gently: modekha; bwinobwino (depends on context)

Germany: Jeremani

get (v): kutenga; kupeza

gift(s): mphatso (singular and plural)

give (v): kupatsa, kupereka

glad, be (v): kukondwa; kusangalala, e.g. **I'm glad you have come:** ndakondwa kuti mwabwera

glass: galasi; **glass(es) for drinking:** (ma)tambula

go (v): kupita; **go ahead:** kutsogola, e.g **you go ahead, I'll catch you up:** tsogola ndikupeza

go out (v): kutuluka, e.g. **I am going out:** ndikutuluka *or* ndikuchoka

go round (v): kuzungulira

goal (goals): chigoli (zigoli)

goat (goats): mbuzi (singular and plural)

God: Mulungu

good morning: mwadzuka bwanji?; moni (literally, hello)

good: -bwino, e.g. **good people:** anthu abwino

goodbye: zikomo ndapita (literally, thanks I'm off); pitani bwino (literally, go well)

grandma / grandpa: agogo, anganga

grass: udzu (sing.), maudzu (pl.); usually used as singular

great / big / old: -kulu

green beans: zitheba

green vegetables: masamba

green: -biriwira e.g. **I will wear green shoes:** ndivala nsapato zobiriwira

greetings: moni

grind (v): kugaya

gristle: mang'ina (it's a delicacy in Malawi)

groan (v): kubuula

ground: pansi, bwalo, e.g. **football ground:** bwalo la mpira; **you will sleep on the ground:** ugona pansi

groundnuts: mtedza

group (n): gulu, e.g. **group of people:** gulu la anthu

grow (v): kukula

grumble (v): kunyinyirika

guard (v): kulonda, e.g. **he is guarding:** akulonda; **he guards:** amalonda

guard (guards) (n): mlonda (alonda) - use the plural to show respect if you are calling the guard!

guest (guests): mlendo (alendo)

guide someone/something (v): kulondoloza

guide: wotilondolera (literally, someone to guide us)

gun (guns): mfuti (singular and plural)

H

hair: tsitsi e.g. **his/her hair:** tsitsi lake

hammer (hammers): hamala (mahama); nyundo is the proper word but many won't even know this

hand (hands): dzanja (manja)

handbag (handbags): chikwama cha m'manja (zikwama za m'manja)

handsome: wowoneka bwino (good-looking); wokongola (beautiful)

hang (v): kupachika

happen (v): kuchitika

happy, be (adj): kusangalala; kukondwa, e.g. **I'm happy you have come:** ndasangalala kuti mwabwera

hard / difficult: -vuta, e.g. **life is hard:** moyo ndi wovuta

hard (adj): -olimba, -limba, e.g. **the porridge has hardened:** phala lalimba

hard (adv): mphamvu (also means strength), e.g. **he pushed me hard/with force:** anandikankha mwamphamvu

hardworking (adj): wolimbikira

hare(s): (a)kalulu

harvest (v): kukolola

hat (hats): chipewa (zipewa)

have (v): kukhala ndi; see Lesson 27, e.g. **to have a house:** kukhala ndi nyumba; **I have a car:** ndili ndi galimoto; **have to:** kuyenera, e.g. **I have to go home first:** ndiyenera kupita kunyumba kaye

head (heads): mutu (mitu)

heal (v): kupola

heap: mulu

hear (v): kumva

heart (hearts): mtima (mitima)

heat (n): -tenthetsa

heat (v): kutenthetsa, e.g. **have you heated the food?** watenthetsa chakudya?

heaven: kumwamba

heavy, be (adj): kulemera (also means 'to be/get rich'), e.g. **ndikulemera:** I am getting rich!

hello / hi: moni

help (n): chithandizo, e.g. **I received no help:** sindinalandire chithandizo

help (v): kuthandiza

herd (herds): msambi (misambi)

here: pano; kuno (where we are); apa (a nearby place, a place you could point to, e.g. **I'll get out here:** nditsika apa

hide (n), as in animal hide: chikopa, e.g. **cow's hide:** chikopa cha ng'ombe

hide (oneself) (v): kubisala

hide something (v): kubisa

hill (hills): phiri (mapiri)

hinder (v): kulepheretsa

hippo: mvuu

hit someone (v): kumenya

hit something *or* be hit by something (v): kugunda

HIV: kachilombo ka Edzi (the little beast of AIDS)

hold (v): kugwira

Holy Mary: Maria Oyera

Holy Spirit: Mzimu Oyera

home: nyumba (also means 'house'); pakhomo, e.g. **go home:** pita kunymba

homework: homu weki

honesty: chilungamo

hospital (hospital): chipatala (zipatala)

hot (be hot / feel hot): -tentha e.g. **I feel hot:** ndikumva kutentha; **hot water:** madzi otentha

hot-tempered: wokula mtima

hour(s): ola (maola)

house: nyumba, e.g. **my house:** nyumba yanga

how many? -ngati, e.g. **how many 'things'?** zinthu zingati? **how many people?** anthu angati?

how much (money)? ndalama zingati?

how? / how come? bwanji?

howl (v): kubuula; kufuula; kukuwa

hunger: njala

hunt / look for (v): kusaka

hurry up / rush (v): kufulumira; kuchita/kupanga changu, e.g. **hurry up:** panga changu

hurt, to get hurt: kupweteka kuwawa, e.g. **I am hurt:** ndapweteka; **my head hurts:** mutu ukuwawa

husband: mwamuna/amuna + possessive pronoun, e.g. **my**

husband: amuna anga (mwamuna/amuna on its own just means man/men); see Lesson 12

hyena (hyenas): fisi (afisi)

I

if: -ka- (also means 'when'), ngati (less common), e.g. **if you see my mother phone me:** mukawona mayi anga mundiyimbire foni; **if you (sing.) fail I won't be happy:** ukalephera sindisangalala

ill: kudwala (v); wodwala (adj)

illness: matenda

imitate (v): kutsanzira

important: -funika, -funikira e.g. **an important file:** failo yofunika; **an important thing:** chinthu chofunika; **an important message:** uthenga wofunikira

in: m'; mu-, e.g. **in the house:** munyumba; **in the mud:** m'matope; **in Lilongwe:** ku Lilongwe

inadequate, be: kuperewera, e.g. **the money was inadequate:** ndalama zinaperewera

indeed: ndithu

Indian (Asian): m'mwenye

infect one another with (v): kupatsirana

inflate (v): kupopa

inform (v): kudziwitsa

injured, be/get (v): kuvulaza

inquire (v): kufufuza

insolent / rude: chipongwe, e.g. **rude children:** ana achipongwe

instruct (v): kulangiza

intelligence: nzeru, e.g. **he/she is intelligent:** ndi wanzeru; he/she is not intelligent: alibe nzeru

intention: cholinga, e.g. **what was your intention?** cholinga chanu chinali chiyani?

intestines: matumbo

intrude / interrupt (v): kulowelera

Italy: Itale

itch / to feel itchy / cause itching (v): -yabwa; kumva kuyabwa, e.g. **grass that causes itching:** udzu woyabwa

J

jacket(s), casual: (ma)sikumba (windjacket or anorak)

jacket(s), formal: (ma)jekete

jam: jamu

January: Januwale

jealousy: nsanje

Jesus: Yesu

Jew(s): Myuda (Ayuda)

job: ntchito (also means 'work')

join (v): kulumikiza (refers to joining two things together; i.e. it can't be used to translate 'I'll join you later')

join i.e. meet with (v): kukumana, e.g. **I'll join you later:** ndikumana nawe nthawi ina

joke(s) (n): nthabwala (singular and plural)

journalist(s): mtolankhani (atolankhani); literally, story pick-upper

journey(s): ulendo (maulendo)

joy: chimwemwe; kusangalala

July: Julaye

just: -ngo-, kumene, e.g. **you should just come back:** mungobwerera; **I'll just finish:** ndingomaliza; **I'm just thinking:** ndikungoganiza

jump (v): kulumpha; kudumpha

jumper(s) / jersey(s): (ma)juzi

June: Juni

K

keep (v): kusunga

key(s): (ma)kiyi, e.g. **my key:** kiyi wanga

kick (v): kumenya (same word as 'to hit')

kidney(s): impso (singular and plural)

kill (v): kupha, e.g. **I will kill the chicken:** ndipha nkhukuyo

kindness: chifundo, e.g. **he is kind:** ndi wa chifundo

king (kings): mfumu (mafumu)

kingdom: ufumu

kiss (v): -psopsona, kupsopsonana; kudya milomo (literally, to eat lips); **they are kissing:** akupsopsonana

kitchen: khitchini

kneel (v): kugwada

knee (knees): bondo (mawondo)

knife (knives): mpeni (mipeni)

knock down (v): kugwetsa

knock on something (v): kugogoda, e.g. **knock on the door:** gogoda chitseko or you can simply instruct 'gogoda' (sing.) as you point towards the door

knot: mfundo (singular and plural)

know (v): kudziwa, e.g. **I know:** ndikudziwa

L

labourer / worker: wantchito

lack (v): kusowa

lady (ladies): mayi; mzimayi (amayi; azimayi)

lake: nyanja (singular and plural)

lamb / sheep: nkhosa (singular and plural)

lame / disabled: -punduka, e.g. **he/she is lame:** ndi wopunduka

land (n): dziko, e.g. **Malawi is a land of poor people:** Malawi ndi dziko la anthu osauka

land (v): kutera, e.g. **we landed early:** tinatera mwamsanga

large / big: -kulu, e.g. **it's big:** ndi chachikulu; **a large dog:** galu wamkulu

last (adv): -tsirizira, e.g. **I'm the last born:** ndine wotsiriza

late, be (v): kuchedwa

later: nthawi ina

laugh (v): kuseka (don't confuse with kutseka, to shut)

lawyer (laywers): loya (maloya)

lay (v) e.g. a table or a bed: kuyala

laziness: ulesi

lazy: waulesi

lead (v): kutsogolera; kulondolera

leaf (leaves): tsamba (masamba)

leak (v): kudontha

learn (v): kuphunzira

leave i.e. go away (v): kuchoka

leave something/someone (v): kusiya, e.g. **they left me at home:** anandisiya ku nyumba

left: manzere, e.g. **left hand:** dzanja la manzere

leg (legs): mwendo (miyendo)

lemon (lemons): ndimu (mandimu)

lend (v): kubwereka

leopard(s): (a)nyalugwe; (a)kambuku

letter(s): (ma)kalata; **letters of the alphabet:** malembo

lettuce: letesi

lick (v): kunyambita

lid (lids): chivundikiro (zivundikiro)

lie (v): kunama

lie down (v): kugona

lie to (v): kunamiza; kunyenga

lie (lies): bodza (mabodza)

life: moyo

lift up / carry (v): kunyamula

light (i.e. not heavy): -pepuka, e.g. **this bag is light:** thumba ili ndi lopepuka

light(s) (n): (ma)getsi

light (v): kuyatsa

like (v): kukonda

like this: chonchi, e.g. **do it like this:** udzipanga chonchi

line (lines): mzere (mizere)

lion (lions): mkango (mikango)

lip (lips): mlomo (milomo)

listen (command): tamvani; imvani

little (adj): -chepa; -ng'ono, e.g. **a little water:** madzi ochepa; **a small child:** mwana wamng'ono; **a little (adverb):** pang'ono

live (v): kukhala

live: -moyo, e.g. **live chickens:** nkhuku zamoyo

liver (livers): chiwindi (ziwindi)

lizard(s): (a)buluzi

lock(s) (n): (ma)loko

lock (v): kukiya

long (way away): kutali; -tali; **he lives a long way away:** amakhala kutali; **a long way from the market:** kutali ndi msika; **it's a long way away:** ndi kutali; ndi mtunda wawutali; **long piece of string:** chingwe chachitali

look (for) (v): kuyang'ana

look after (v): kuyang'anira; kusamala

look like (v): kufanana ndi

loosen (v): kumasula

lose something (v): kusowetsa

lost (v): kusowa, kusokera

love (v): kukonda

love: chikondi

lover(s) / girlfriend(s) / boyfriend(s): chibwenzi (zibwenzi)

loyal (adj): wokhulupirika

loyalty: chikhulupiliro

luck: Chichewa has a different word for bad luck versus good luck; **bad luck:** tsoka; **unlucky:** -tsoka e.g. **I am very unlucky:** ndine wa tsoka; **good luck:** mwayi; **lucky:** -mwayi, e.g. **I am lucky:** ndine wa mwayi

luggage: katundu

lungs: mapapo

M

madam: mayi (also means 'mother')

maize: chimanga

make (v): kuchita; kupanga

make noise (v): kusokosa; kupanga phokoso

malaria: malungo

malice / malicious: chiwembu / -chiwembu, e.g. **malicious people:** anthu achiwembu

man (men): bambo; mwamuna (azibambo; amuna)

manage (v): kukwanitsa

mango(es): bango (mango); mango is singular or plural, but bango is singular only.

manners: khalidwe (also means behaviour), e.g. **he/she has no manners:** alibe khalidwe

many / a lot: -mbiri, e.g. **many people:** anthu ambiri

March: Malichi

margarine: majarini

market(s): msika (misika)

marriage(s): (ma)banja

married: wokwatira (man); wokwatiwa (woman)

marry (v): kukwatira; kukwatiwa

marshy place(s): (ma)dambo

masked dance: gule wamkulu (literally translates to big dance); as you drive through Malawi you might come across traditional dancers in masks and sometimes on stilts; superstitious people advise not to look at them for too long and certainly don't speak to them! Gule wamkulu can refer to the characters themselves as well as the actual dance.

master: bwana

masturbate (v): kubunyula

mat (mats): mkeka; mphasa, (mikeka; mphasa) (mkeka is a thin mat made of palm leaves, but mphasa is a thick mat made of split reeds, used as a bed)

matched *or* equal: -lingana, e.g. **we are not equally intelligent:** nzeru zathu si zolingana

mattress: matiresi

May: Meyi

maybe: mwina

meat: nyama

measure (v): kuyeza

medicine: mankhwala

meek: wofatsa

meet (v): kukumana

melt (v): kusungunula e.g. **I am melting the butter:** ndikusungunula bata

melt: kusungunuka, e.g. **the chocolate is melting:** chokoleti chikusungunuka

mend / fix / repair / prepare (v): kukonza

menstruate (v): kusamba (also means 'to bath')

mercy: chifundo

message: uthenga, e.g. **send a message:** tumizani uthenga

messenger: mtumiki; mesenjala (mtumiki would generally be used in a religious context)

middle: pakati (also means between)

milk: mkaka

minibus(es): (ma)minibasi

minute(s): (ma)miniti; mphindi

misfortune: tsoka

miss (v): kuphonya; kumisa (Chichewanized), e.g. **I missed the bus:** ndinamisa basi; **the bullet just missed him:**

chipolopolo chinangomuphonya

miss school (v): kujomba

mix (v): kusakaniza

Monday: Lolemba; Mande

money: ndalama e.g. **my money:** ndalama zanga

monkey(s): (a)nyani; (a)pusi

month (months): mwezi (miyezi); mwezi also means moon

monument: chikumbutso

moon: mwezi (also means month)

mop (v): kukolopa

more: -ina; ena e.g. **bring more chairs:** bweretsa mipando ina; **more people will come:** kubwera anthu ena; **more tea:** tiyi wina;

more than: -pitirira, -posa e.g. **he collected more than MWK20,000:** anasonkha ndalama zopitirira MWK20,000; **more money than you:** ndalama zambiri kuposa inu

morning: m'mawa; **tomorrow morning:** mawa m'mawa; **Saturday morning:** Loweruka m'mawa

mosquito(es): udzudzu (singular and plural)

mosquito net: mosikito neti

most: if you want to say 'most' you have to say 'very', e.g.
the most clever (i.e. cleverest) child in the class: mwana
wanzeru kwambiri m'kalasi yonse

mother: mayi

mother-in-law: apongozi

mountain (mountains): phiri (mapiri)

mouse (mice): mbewa (both singular and plural)

mouth: pakamwa; kukamwa, e.g. **I have a sore on my
mouth:** ndili ndi bala pakamwa; **he punched me on my
mouth:** anandimenya khofi kukamwa

move (v): kusuntha; kusendeza

move home (v): kusamuka

much / a lot: -mbiri; -chuluka, e.g. **my back hurts a lot:**
msana wanga ukupweteka kwambiri; **there is a lot of sugar
in this tea:** shuga wachuluka mu tiyi uyu

mud: matope

mum: mami; amayi

N

nail(s) (as in fingernails): chikhadabo (zikhadabo)

nail(s) i.e. metal object: msomali (misomali)

naked (v): kukhala maliseche, e.g. **he/she was naked:** anali maliseche

name i.e. give the name of (v): kutchula, e.g. **give the name of the person who was making a noise:** tchula amene amapanga phokoso

name (names): dzina (mayina)

nappy (nappies): thewera (matewera)

near: pafupi

necessary: -ofunika; -funikira, e.g. **it is necessary:** ndi chofunikira

neck (necks): khosi (makosi)

need (v): no exact word, use to want: kufuna

needle(s): (ma)singano

net: neti; ukonde; masikito

new: -nyuwani, e.g. **a new dress:** diresi lanyuwani

never: 'sindina....po', e.g. **I have never danced before:** sindinavine<u>po</u>; **I have never eaten meat:** <u>sindinadyepo</u>

nyama

nice: -bwino, e.g. **he/she is nice:** ndi wabwino

night: usiku

no: ayi; iyayi

noise: phokoso

noisy: -phokoso, e.g. **it's noisy here:** kuli phokoso lambiri kuno

non-stop: mopitiriza; mosaleka; kwambiri (a lot)

north: mpoto

nose: mphuno

not: si-; -sa- (always followed by some form of a verb) e.g. **do not go:** osapita; **I do not eat pork:** sindidya nkhumba

nothing: palibe; mulibe, e.g. **there is nothing in the fridge:** mulibe chili chonse mu firiji

November: Novembala

now: tsopano

number: namba

nurse(s): (ma)nesi; anesi (sing.) is more respectful

O

obey (v): kumvera

occupation: ntchito, e.g. **what is your occupation?** umagwira ntchito yanji?

ocean: nyanja yamchere (literally 'lake of salt')

October: Okutobala

offender: munthu omwe walakwa (literally, the person who has done wrong)

offensive / rude: -chipongwe

office job: ntchito yamu ofesi

often: kawirikawiri

oil: mafuta

okay: chabwino

okra: therere

old man/woman: nkhalamba

old, to be/grow old (v): kukalamba

on top (of): pamwamba (pa)

on/around the sides: mbalimbali

on: pa

once: kamodzi

one: -modzi, e.g. **he has one leg:** ali ndi mwendo umodzi; **one thing:** chinthu chimodzi; **one person:** munthu mmodzi; see Lesson 8 (Numbers)

onion(s): anyezi (singular and plural)

only: yokhayo (sing.); chokhacho (sing.); zokhazo (pl.), e.g. **is that the only dress you have?** uli ndi diresi lokhayo? **is that the only food you will eat?** udya chakudya chokhacho? **is that the only money we have?** tili ndi ndalama zokhazo?

open (v): kutsegula; kutsekuka (depends on context, not interchangeable), e.g. **open the door:** tsegula chitseko; **it is not opening:** sichikutsekuka

opportunity: mpata, e.g. **give me an opportunity to speak:** mundipatse mpata woyankula

or: kapena, e.g. **do you want tea or coffee?** mukufuna tiyi kapena khofi?

orange (colour): olenji

orange(s) (fruit): (ma)lalanje

other: -ina; ena (depends on context, not interchangeable), e.g. **other times:** nthawi zina; **other people:** anthu ena

ouch: mayo; mayine

ought: kuyenera e.g. **you ought to have two school uniforms:** ukuyenera kukhala ndi ma unifomu awiri

outside: kunja

oven(s): uvuni (ma uvuni)

over / on top of: pamwamba pa

over here: apapa

over there: apopo

overseas: kunja

owner(s): mwini (eni), e.g. **owner of the house:** mwini nyumba

ox-cart(s): ngolo (singular and plural)

P

pack (v): kulongedza

page: peji

pain: ululu

painting (paintings): chithunzi (zithunzi, zojambula)

pants i.e. underwear: panti, e.g. . **her pants:** panti wake

papaya(s): (ma)papaya

paper(s): (ma)pepala

park: paki

part (n): gawo, e.g. **this part is yours:** gawo ili ndi yako; **part (v):** kulekana, e.g. **we parted ways a long time ago:** tinalekana kalekale; **part** *or* **break up (v):** kusiyana (ideal in the context of a relationship)

party (parties): phwando (maphwando)

pass (an exam) (v): kukhoza

pass (v): kudutsa

patch(es) (of cloth): chigamba (zigamba)

path(s): njira (singular and plural)

pauper: mmphawi

pay (for) (v): kulipira

payment(s): malipiro (singular and plural)

peace: mtendere

peas: nsawawa

pedal (v): kupalasa

peel (v): kusenda

peel off (v): kumatula

peep (v): kusuzumira

pen (pens): cholembera (zolembera)

pencil(s): (ma)pensulo

penis: maliseche a mwamuna (literally, the nakedness of a man); chokodzera (literally, the thing for urinating with)

pepper(s) / chilli(s): tsabola

perhaps: mwina; kapena

person (people): munthu (anthu)

petticoat(s): (ma)pitikoti

phone someone (v): kuyimbira

pick up (v): kutola

picture (pictures): chithunzi (zithunzi)

pierce (as in 'make a hole in') (v): kuboola

pierce (as in with a needle/syringe) (v): kubaya

pig(s): nkhumba (singular and plural)

pigeon(s): nkhunda (singular and plural)

piggyback i.e. to give a piggyback to (v): kubereka

pillar (pillars): chipilala (zipilala)

pineapple: chinanazi; nanazi

pink: pinki

pit (pits): dzenje (maenje)

place (n): malo (singular and plural)

place (v): kuika

plaits: zingongo; single plaits: ma wani wani

plane (aeroplane): ndege

plant (v): kubzala

plate: mbale (singular and plural)

play (n): sewero, e.g. **there was a play on the radio:** panali sewero pa wailesi

play (v): kusewera

please (v): kukondweretsa

please: chonde (only used when begging); in Chichewa asking a question implicitly assumes the word 'please'. You use the plural version of a word to be polite e.g. when you are speaking to older people.

pleased (adj): -kondwa, e.g. **I am pleased:** ndakondwa

pleasing/fun (v): kubeba (slang), e.g. **has the party started getting fun?** phwando layamba kubeba?

pluck feathers (v): kusosola

point towards (show) (v): kusonyeza

poison: poyizoni

poke / prod (v): kutosa, e.g. **he poked me with his finger:** ananditosa ndi chala

police station: kupolisi

policeman/woman: wapolisi (sing.) apolisi (pl.)

pond(s): chitsime (zitsime), dziwe, e.g. dziwe la nkhalamba is a pond on Mulanje mountain. It translates to 'pond of the old woman' so called because the ghost of an old woman used to be witnessed there…spooky!

poo / defecate / shit (v): kunyela (very crude), kubiba (much less crude); common euphemism for a villager: kupita ku thengo (to go to the bush)

poo: bibi; manyi (manyi is used more for animal dung)

poor (adj): - sauka, e.g. **they are poor:** ndi osauka

porridge: phala

porter: wonyamula katundu (literally, carrier of luggage)

possible, (be): -theka, e.g. **it's possible:** ndi zotheka

pot(s): (ma)poto

potato(es): mbatatesi; **sweet potato(es):** mbatata (both are singular and plural)

pound (v) e.g. if pounding maize: kusinja

pour (v): kuthira

poverty: umphawi

power / strength: mphamvu

praise (v): kutamanda

pray (v): kupemphera

prayer(s): (ma)pemphero

pregnant, be: kukhala ndi mimba / pakati, e.g. ali ndi mimba *or* ali ndi pakati

prepare (v): kukonza

press / push (v): kupanikiza

pretend (v): kunamizira

prevent (v): kulepheretsa

price (prices): mtengo (mitengo)

pride: dama

private parts: maliseche

promise (v): kulonjeza

propose marriage/ask out (v): kufunsira

protect (v): kuteteza

protect oneself (v): kudziteteza

provoke (v): kuputa, e.g. **he/she provoked me:** anandiputa

pull (v): kukoka

pump up / inflate (v): kupopa

pumpkin(s): dzungu (maungu)

punish (v): kupereka chibalo; kupereka chilango

punished, be (v): kulangidwa

punishment: chibalo; chilango

purpose, on: dala, e.g. **he/she did it on purpose:** anapanga dala

pus: mafinya

push (v): kukankha

put (v): kuika

put on clothes (v): kuvala

Q

question / ask (v): kufunsa

question(s) (n): (ma)funso

quickly: msanga

quiet (v): kukhala chete

R

rabbit(s): (a)kalulu

radio(s): (ma)wailesi

rain: mvula

raise / put higher (v): kukweza

rape (v): kugwirira

rat (rats): khoswe (makoswe)

razor (razors): lezala (malezala)

read (v): kuwerenga

ready, be/get (v): kukonzeka

real: -eni -eni, e.g. **is that a real gun?** ndi mfuti yeni yeni?

realise (v): kuzindikira; **realise late:** kuzindikira mochedwa, e.g. **I realised too late:** ndinazindikira mochedwa

reason: chifukwa, e.g. **what's the reason? i.e. why?** chifukwa chiyani?

receive (v): kulandira

recognize (v): kuzindikira

recover from illness (v): kuchira

red: -fiira, e.g. **red cup:** kapu yofiira

reduce (a price) (v): kuchotsera *or* kutsitsa (mtengo)

refuse (v): kukana

regret (v): kuchimina; kuchilapa

regularly: pafupipafupi

relative(s): m'bale (achibale)

relish: ndiwo (i.e. meat, veg, etc.), always plural in Chichewa

remain/stay (v): kukhala; kutsala

remember (v): kukumbukira

remind (v): kukumbutsa

remind each other (v): kukumbutsana

repair (v): kukonza

repeat (v): kubwereza

repent / confess (v): kulapa

reply (v): kuyankha

report (v): kunena

reprimand (v): kulanga

rescue (v): kuombola; kupulumutsa

reserved i.e. shy, quiet, introverted (adj): wofatsa

rest (v): kupuma; kupumula (so, the luxury lakeside resort 'Pumulani' literally translates as 'rest')

return (to a place) (v): kubwerera; **return (to send back):** kubweza, e.g. **they sent me back from school because I don't have a uniform:** andibweza ku sikulu chifukwa ndilibe unifomu

reveal (v): kuulula

rhino (rhinos): chipembere (zipembere)

ribs: nthiti (singular and plural)

rice: mpunga

rich (adj): wolemera

rifle(s) / gun(s): mfuti (singular and plural)

right (i.e. on the right): kumanja

ring (n): mphete

rinse / wash away (v): kutsukuluza

ripe, become (adj): kupsa (note pronunciation on audiobook, koop-ya), e.g. **ripe bananas:** nthochi zakupsa

rise (v): kudzuka

river (rivers): mtsinje (mitsinje)

road (roads): msewu (misewu)

rob someone (v): kubera; **he robbed <u>me</u>:** ana<u>ndi</u>bera

room (rooms): chipinda (zipinda)

rope (ropes): chingwe (zingwe), also means string

rude/offensive: -chipongwe, e.g. **she's rude:** ndi wachipongwe

rudeness: chipongwe; mwano

rule (v): kulamula

rule(s): lamulo (malamulo)

run *or* drive fast (v): kuthamanga

run away (v): kuthawa

run out of: kuthera; kutha, e.g. **we have run out of water:** madzi atithera

S

sad (adj): wokhumudwa

salary: malipiro

saliva / spit: mate

salt: mchere

same, to be the same / match (v): kukhala chimodzimodzi

sand: mchenga

satisfied (adj): kukhutitsidwa; , e.g. **I am satisfied:** ndakhutitsidwa; **he's never satisfied:** sakhutitsidwa

Saturday: Loweruka; Satade

saucer(s): (ma)sosala

sausage(s): (ma)soseji

save (from something) (v): kupulumutsa

save money (v): kusunga ndalama

say (v): kunena

scary (adj): kuopsa e.g. **a scary dog:** galu woopsa

school: sukulu (singular and plural)

score a goal (v): kugoletsa

scorn (v): kunyoza

Scotland: Sikotilandi

scrape (v): kupala

scratch (v): kukanda

scream (v): kukuwa; kufuula

season / time: nthawi, e.g. **the rainy season:** nthawi ya mvula

see (v): kuona

seize (v): kulanda

sell (v): kugulitsa

send (v): kutumiza; kutuma, e.g. **send a message:** tumizani uthenga; **send a worker:** tumizani wantchito

send back (v): kubweza

sense: zomveka

September: Seputembala

servant (servants): wantchito (antchito)

serve food (v): kugawa chakudya

sew (v): kusoka

sex (v): kuchindana (very crude), kugonana (less crude; literally, to sleep with each other), kunyengana (even less crude; literally, to cheat each other); of the many euphemisms you might also hear kukwerana (literally, to climb on each other) or chigololo

shade (as shade from the sun): mthunzi, e.g. **sit in the shade:** khala pa mthunzi

shake (v): kugwedeza

share / divide (v): kugawa; kugawira

shave (v): kumeta

sheep/lamb: nkhosa (singular and plural)

sheet – bed sheet (bed sheets): nsalu yofunda; shitibedi (nsalu zofunda; mashitibedi)

shirt(s): Malaya (singular and plural); (ma)shati

shit/poo (v): kunyera (very crude); kubiba (less crude)

shoes: nsapato (singular and plural); **high-heeled shoes:** gogoda

shoot (v): kuombera

short: -fupika, e.g. **the dress is short:** diresi yafupika; **a short dress:** diresi yaifupi

shorts: kabudula; : used in the singular in Chichewa, e.g. **his shorts:** kabudula wake

should/ought: see Lesson 25

shoulder(s): phewa (mapewa)

shout (v): kukuwa

shout at (v): kukalipa

show (v): kuonetsa; kusonyeza

show off (v): kunyada

shut (v): kutseka (don't confuse with kuseka, to laugh)

shyness: manyazi

sick (v): kudwala; e.g. **he is sick:** akudwala; **sick (adj):** wodwala

side: mbali (singular and plural)

sign (signs): chizindikiro (zizindikiro)

silent (adj): kukhala chete

sin(s): (ma)chimo

sing (v): kuyimba

sink: sinki

sister (sisters): chemwali / achemwali (respectful), (azichemwali)

sister-in-law: mlamu; alamu (more respectful), also means brother-in-law

sit down (v): kukhala

skin: khungu

skip an event (v): kujomba

skirt(s): (ma)siketi

sleep (v): kugona

slippers (flip-flops): silipasi (singular and plural)

slowly: pang'ono pang'ono

small: -chepa; -ng'ono, e.g. **it is too small:** chachepa; **a small child:** mwana wamng'ono

smear (v): kupaka

smell (noun): fungo

smell bad (v): kununkha

smell good (v): kununkhira (bwino)

smile (v): kusekelera; kumwetulira

smoke (noun): utsi

smoke (v): kusuta

smooth: -salala, e.g. **you have smooth skin:** uli ndi khungu losalala

snack: chakudya i.e. food

snake: njoka (singular and plural)

snore (v): kuliza mkonono

snot: mamina

so? and then? (i.e. what do you call this?): tsono?

sock(s): (ma)sokosi

soft: -fewa, e.g. **soft mango:** mango ofewa

soldier (soldiers): msilikali (asilikali)

some: (-)ina; ena (depending on context), e.g. **I want some more bags:** ndikufuna matumba ena; **some trees:** mitengo ina; **I want some more tea:** ndikufuna tiyi wina

someone: (munthu) wina wake

sometimes: nthawi zina

somewhere: pena pake; kwina kwake

son: mwana wamwamuna (literally, male child)

song *or* **hymn:** nyimbo (singular and plural)

soon: posachedwa

sore(s) / wound(s) / contusion(s): chilonda (zilonda); (ma)bala

sorry: pepa (sing.); pepani (pl.)

sound: phokoso (also means noise)

sour *or* **bitter, i.e. to taste sour/bitter (v):** kuwawa, e.g. **this mango is sour:** mango ili ikuwawa

south: kumwera

spaghetti: supageti

spare: -padera; **spare tyre:** tayala lapadera

speak (v): kulankhula

spectacles: (ma)galasi

spider *or* **spider's web:** kangaude

spill (v): kutayikira

spirit(s), (of the dead): mzimu (mizimu)

spit (v): kulavula

split/share (v): kugawa

spoil (v): kuononga

spoon(s): (ma)supuni

sprain (v): kubinya

spread /make (v): kuyala, e.g. **spread the mat on the floor:** yala mphasa pansi; **make the bed:** yala bedi

spread on (v) e.g. butter on bread: kupaka

squeeze (v): kufinya

stadium: sitediyamu

stand (v): kuima

star: nyenyezi (singular and plural)

start (v): kuyamba

start off (on a trip) (v): kunyamuka

stay/remain (v): kukhala; kutsala, e.g. **stay well:** tsalani bwino

steal (v): kuba; **steal from:** kubera (also means to cheat in an exam), e.g. **he stole your car:** anaba galimoto yanu

step on (v): kuponda

stick (v): kumata

stingy (adj): woumira, **to be stingy (v):** kuumira

stir (v): kutakasa

stomach: mimba

stop crying (v): kutonthola

stop doing something (v): kuleka

stop from (v): kuletsa, e.g. **they stopped me from going to school:** anandiletsa kupita ku sikulu

stop something/someone (v): kuyimitsa

store(s): (ma)sitolo

story: nkhani (singular and plural), refers to news story or something you just want to tell someone; **story (stories):** nthano (singular and plural); especially a proper story in a book, a myth or a legend - that type of story

straight, be: -ongoka; **straighten:** -ongola, e.g. **my finger has become straight:** chala changa cha wongoka; **straighten your leg:** wongola mwendo wako;

stream (streams): mtsinje (mitsinje)

strength: mphamvu (singular and plural)

string (strings): chingwe (zingwe)

strong, strength (adj.): -mphamvu, e.g. **he/she is strong:** ndi wamphamvu

study (v): kuwerenga (also means read)

style: sitayilo

suffer (v): kuzunzika

sugar: shuga

suit(s): (ma)suti

sun: dzuwa

Sunday: Lamulungu

support i.e. help (v): kuthandiza

surprised, be (adj): kudabwa

suspect (n): woganiziridwa

suspect (v): kuganizira

sweat (n): thukuta; **sweat (v):** kupanga thukuta, e.g. **I am sweating:** ndikupanga thukuta

sweater(s): (ma)juzi; (ma)suwetala

sweep (v): kusesa

sweet (adj): kutsekemera

sweet potato(es): mbatata; **potato(es):** mbatatesi (both are singular and plural)

swell (v): kutupa

swim (v): kusambira

switch off (v): kuzimitsa

syringe(s): (ma)singano

T

table(s): (ma)tebulo

tail(s): mchira (michira)

take (v): kutenga

take care / watch out (v): kusamala; **beware:** samalani
e.g. if you were crossing a river and wanted everyone to
watch their step, you would say samalani

talk (v): kulankhula

tall: -tali, e.g. **he's tall:** ndi wamtali; **it's a tall building:**
ndi nyumba yayitali

tap someone (v): kukodola

taste (v): kulawa

tasty / taste good (v): kukoma, e.g. **this food is very tasty:**
zakudyazi zikukoma kwambiri

taxi(s): (ma)takisi

tea: tiyi, e.g. **my tea:** tiyi wanga

teach (v): kuphunzitsa

teacher: mphunzitsi; aphunzitsi (pl. and more respectful)

telephone(s): (ma)telefoni; (ma)foni

tell (a person) (v): kuuza, e.g. **I'll tell him:** ndimuuza

tell the truth (v): kunena zoona

temptation: chinyengo (used in The Lord's Prayer)

textbook(s): (ma)buku

thanks: zikomo

that: icho (means 'that thing' e.g. if you were pointing at something); kuti, e.g. **I thought that...:** ndimaganiza kuti...

then / after that: kenako

there: apo; **put it there:** ika apo

thief (thieves): wakuba (akuba)

thigh(s): ntchafu (singular and plural)

thin: -wonda, e.g. **he/she is thin:** ndi wowonda

thing (things): chinthu (zinthu)

think (v): kuganiza; **think about (v):** kuganizira

thirst: ludzu

this: ichi

thought(s): ganizo (maganizo)

thousand: sauzande

three: -tatu, see Lesson 8 (Numbers)

throat: m'mero

throw (v): kuponya

throw away (v): kutaya

Thursday: Lachinayi

tickle (v): kugirigisha

tie (v): kumanga

tie something up (v): kumangilira

time: nthawi (singular and plural)

tired, be (adj): kutopa, e.g. **I am tired:** ndatopa

toaster: makina owotchera buledi (machine for roasting bread) / chowotchera buledi (the bread roaster)

today: lero

together: limodzi; pamodzi

toilet (toilets): toyileti; chimbudzi; (matoyileti; zimbudzi); **to go to the toilet (v):** kupita ku toyileti; common euphemism in villages: kupita ku thengo (to go to the bush)

tomato(es): tomato (matimati); tomato is also plural

tomorrow: mawa

tongue(s): (ma)lilime

tonight: usiku uno

too: -nso, e.g **me too:** inenso; **you too:** iwenso

tooth (teeth): dzino (mano)

top (as in 'on top'): pamwamba, e.g. **the phone is on top of the fridge:** foni ili pamwamba pa firiji

touch (v): kugwira; **don't touch!** osagwira! **touch lightly (v):** kukhudza

tow (v): no exact word, use kukoka, to pull

town(s): (ma)tauni

toy(s): chidole (zidole)

transport: thiransipoti

travel (v): kuyenda (also means to walk)

tree (trees): mtengo (mitengo)

trespasses: zochimwa

trip (as in 'a visit'): ulendo, e.g. **we took a trip to the village:** tinapita pa ulendo kumudzi

trouble someone (v): kuvutitsa; **trouble(s):** vuto (mavuto)

trousers: (ma)thalauza; (ma)buluku. Buluku and thalauza are usually treated as singular in Chichewa unlike in the English; **one pair of trousers:** thalauza imodzi; **two pairs of trousers:** mathalauza awiri

trust (n): chikhulupiriro; **trust (v):** kukhulupirira

trustworthy: wokhulupirika; wodalilika, e.g. **he/she is trustworthy:** ndi wokhulupirika

truth: zoona

try (something) (v): kuyesa, e.g. **try this dress:** (ta)yesani dress iyi

Tuesday: Lachiwiri

tumbler(s) / glass(es) for drinking: (ma)tambula

turn around (v): kutembenuka; **turn right/left/here:** tembenuka ku manja / ku manzere / apa

turn into (v): kusanduka

turn off / switch off (v): kuzimitsa, kuthimitsa; **turn on/switch on (v):** kuyatsa;

turn someone/something (v): kutembenuza

twice: kawiri

twist (as in when braiding hair) (v): kupota; **twist (v):** kupotokola

two: -wiri, e.g. **two children:** ana awiri; **two beers:** mowa uwiri; **two houses:** nyumba ziwiri; see Lesson 8 (Numbers)

tyre(s): (ma)tayala

U

ugly: -nyasa, e.g. **an ugly dress:** diresi yonyasa; a milder way of putting it is '**not good looking**': wosaoneka bwino, e.g. **an ugly dress:** diresi losaoneka bwino

ululate (v): kululutira

umbrella(s): (ma) ambulera

uncle: ankolo (there are Chichewa words available for uncle but they vary according to whether it's the mother's brother (malume) or the father's brother (atsibweni); I wouldn't bother learning them)

uncover (a pot) (v): kuvundukula

under: pansi pa, e.g. **under the table:** pansi pa tebulo

understand (v): kumvetsa

undress (v): kuvula

unfortunate: -tsoka, e.g. **he's unfortunate:** ndi watsoka

unity: umodzi

unkind: -ipa, wouma mtima (literally, frozen-hearted), e.g. **he/she's unkind:** ndi woipa / ndi wouma mtima

untangle (v): kutambasula

untie (v): kumasula

until: mpaka

uphill: mtunda, e.g. **when we were going uphill:**
tikukwera mtunda

urinate (v): kukodza; euphemism: kutaya madzi (literally,
to throw water away)

urine: mkodzo

us: ifeyo; ife

use / make use of (v): kugwiritsa ntchito

useless thing: chinthu chopanda ntchito; **useless things:**
zinthu zopanda ntchito; **useless:** wopanda pake, e.g. **a
useless person:** munthu wopanda pake

usually: nthawi zambiri; kawirikawiri

V

vagina: maliseche a mkazi (literally, the nakedness of a woman); njira ya mkazi (literally, the passage of a woman)

valley: chigwa

vegetables: masamba

vein (veins): mtsempha (misempha)

veranda: khonde

village headman: (a)nyakwawa; **village headmen:** nyakwawa (zonse), literally, all the village headmen

village (villages): mudzi (midzi)

visible, be (adj): kuoneka

visit(v): kuona, to see e.g. **I am going to visit the doctor:** ndikukaona adokotala; **visit i.e. pass by:** kudzera

visit someone (v): kuyendera

visitor(s): mlendo (alendo); alendo is plural/respectful

voice(s): mawu (singular and plural)

vomit (v): kusanza

vomit: masanzo

W

wages: malipiro

waist: chiuno

wait (v): kudikira; kuyembekezera

wait for i.e. expect (v): kuyembekezera

wake up (v): kudzuka; **wake someone up:** kudzutsa

Wales: Welozi

walk (v): kuyenda

want (v): kufuna

warm / hot: -tentha e.g. **hot tea:** tiyi wotentha

warn (v): kuchenjeza

wash dishes (v): kutsuka

wash something (e.g. clothes, not dishes) (v): kuchapa

wash/bath (oneself) (v): kusamba; **wash one's hands:** kusamba m'manja

watch (v) e.g. **a football game or TV:** kuonera; **watch/guard (v):** kulonda

water (v): kuthira madzi; **water (n):** madzi

waves: mafunde

way: njira

weapon (weapons): chida, can also mean penis; (zida)

wear (v): kuvala e.g. **you should wear...:** uvale...

wedding dress: diresi la chikwati

wedding(s): chikwati; ukwati (zikwati)

Wednesday: Lachitatu

week(s): sabata; mulungu, (masabata; milungu)

well (as in okay/fine): bwino, e.g. **I am well:** ndili bwino

well (n): chitsime

west, in the: kuzambwe

wet, be (v): kunyowa, e.g. **I got wet:** ndinanyowa

what kind (of)? -otani? e.g. **what kind of dress will you wear?** uvala diresi lotani?

what? chiyani?

when? liti? (liti? really means 'what day) **what time?** nthawi yanji?

when: -ka- (also means 'if'), e.g. **when you arrive call me:** mukafika mundiimbira; see Lesson 23

where? kuti?

which? -ti? **which thing?** chiti? **which day?** tsiku liti?
which colour? mtundu uti?

while: use the present tense (Lesson 17), e.g. **I am eating:**
ndikudya; **while I was eating:** ndiKUdya

whisper (v): kunong'ona

whistle (the instrument): wezulo

whistle (the sound) (v): kuliza mluzi

white person (white people): mzungu (azungu)

white: -yera, e.g. **it's white:** ndi choyera

who? ndani?

whose? -yani, e.g. **whose dress is this?** diresi ino ndi la
ndani? **whose child is this?** mwanayu ndi wayani?

why? chifukwa chiyani?

wife: mkazi/akazi + possessive pronoun, e.g. **my wife:**
akazi anga (mkazi/akazi on its own just means
woman/women)

wild animals: nyama zakuthengo

win / pass (v): kupambana; kuchinya; **win a prize:** kupata
mphoto; **we won just before the match finished:**
tinachinya mpira utatsala pang'ono kutha

wind: mphepo; **it's windy:** kuli mphepo

wipe (v): kupukuta

with: ndi

without: popanda; -panda, e.g. **people without shoes:** anthu opanda nsapato

woman (women): mkazi (akazi); mzimayi (azimayi)

womb: chiberekero

wood, i.e. firewood: nkhuni; **a piece of firewood:** chikuni; **wood as a material:** mtengo (also means tree)

wood / forest: nkhalango

word(s): mawu (singular and plural)

work (v): kugwira ntchito; **work (n):** ntchito

work hard (v): kulimbikira

worker(s): wantchito (antchito)

worry (v): kudandaula

wound (wounds): chilonda (zilonda); (ma)bala

write (v): kulemba

wrong, do (v): kulakwa; **you've called the wrong number:** mwayimba namba yolakwa

X, Y, Z

yawn (v): kuyasamula

year (years): chaka (zaka)

yellow: chikasu

yes: eya; e; inde

yesterday: dzulo

you: iwe (sing.); inu, inuyo (pl.)

yourself: iweyo

zebra: mbidzi (singular and plural)

zigzag (v): kukhotakhota

Notes

Summary on conjugating verbs

To eat: kudya;

-dya is the permanent part of the verb. A prefix is added to the beginning of the word to change the person and tense:

Person	Present I am eating	Past I ate	Future I will eat
I	Ndiku-	Ndina-	Ndi-
You (sing.)	Uku-	Una-	U-
He/she/it	Aku-	Ana-	A-
We	Tiku-	Tina-	Ti-
You (pl.)	Muku-	Muna-	Mu-
They	Aku-	Ana-	A-

Person	Perfect I have eaten	Imperfect / Present habitual* I was eating / I live in...
I	Nda-	Ndima-
You (sing.)	Wa-	Uma-
He/she/it	Wa-	Ama-
We	Ta-	Tima-
You (pl.)	Mwa-	Muma-
They	A-	Ama-

See Lesson 20

Different future tenses

Person	I will come to eat I will eat (distant future)	I will go to eat
I	Ndidza-	Ndika-
You (sing.)	Udza-	Uka-
He/she/it	Adza-	Aka-
We	Tidza-	Tika-
You (pl.)	Mudza-	Muka-
They	Adza	Aka-

When tenses (when I eat...), -ka- can also mean 'if'

Person	Near future	Far future
I	Ndika-	Ndikadza-
You (sing.)	Uka-	Ukadza-
He/she/it	Aka-	Akadza-
We	Tika-	Tikadza-
You (pl.)	Muka-	Mukadza-
They	Aka-	Akadza-

Potential tense and subjunctive mood

Person	Potential tense I can eat...	Subjunctive I should eat
I	Ndingadye	Ndidye
You (sing.)	Ungadye	Udye
He/she/it	Angadye	Adye
We	Tingadye	Tidye
You (pl.)	Mungadye	Mudye
They	Angadye	Adye

References

[1] http://www.bbc.co.uk/news/world-africa-13864367
[2] http://www.bbc.co.uk/news/world-africa-13864368
[3] http://en.wikipedia.org/wiki/Malawi
[4] https://www.cia.gov/library/publications/the-world-factbook/geos/mi.html
[5] http://en.wikipedia.org/wiki/Malawi#Health
[6] Kabichi = cabbage, thalauza = trouser, supuni = spoon, bulangeti = blanket, tebulo = table, foloko = fork, bedi = bed, basiketi = basket, thilansipoti = transport, peyala = pear, kasitomala = customer, hayala = hire, apozi = apple.
[7] *Language and Societal Attitudes: A Study of Malawi's 'New Language'.* Moto, Dr. Francis. Nordic Journal of African Studies, 2001

Printed in Poland
by Amazon Fulfillment
Poland Sp. z o.o., Wrocław

51287583R00153